via reise

Wol

Görlitz

Mit Ausflügen in die Umgebung

via reise verlag

Görlitz erleben

Preise für ein Doppelzimmer (mit Frühstück, Hauptsaison)

€ = bis 70 Euro

€€ = bis 140 Euro

€€€ = über 140 Euro

Koordinaten

▸ F4 Koordinaten für die Stadtpläne (Umschlagklappe vorn und hinten)

Symbole

★ Highlights

Familientipps

via Tipp Die persönlichen Empfehlungen unseres Autors

♿ Barrierefreie Hotelzimmer

Unterwegs in Görlitz

Ausflüge

Görlitz erleben

Willkommen in Görlitz

Wie keine andere Stadt in Deutschland bietet Görlitz eine fast unglaubliche Fülle und Dichte architektonischer Schmuckstücke: grandiose Kirchen, mittelalterliche Wehrtürme, gotische Laubengänge und verwinkelte Gassen, reich verzierte Fassaden aus der Barock- und Renaissancezeit, gesäumt von Wohnhäusern im vornehmen Gründerzeit- und Jugendstil. Die Neißestadt ist Deutschlands größtes Flächendenkmal!

Auferstanden aus Ruinen ...

„Warum bloß wird, je näher wir dieses Görlitz kennen lernen, das Gefühl übermächtig, nur mehr einen Nachruf auf die Stadt schreiben zu können?", fragte im Wendejahr 1990 der Journalist und TV-Moderator Giovanni di Lorenzo. Am Ende des Realen Sozialismus war die Stadt an der polnischen Grenze zur traurigen, halb verfallenen Flächenruine erstarrt. Tausende Einwohner, vor allem junge, wanderten in diesen Wendejahren aus Görlitz in Richtung Westen ab, um nach Arbeit in den alten Bundesländern Ausschau zu halten.

... und der Zukunft zugewandt?

Ein wahrer staatlicher Geldregen seit den beginnenden 90er Jahren rettete schließlich die „Perle der Oberlausitz", wie Görlitz gerne genannt wird, und bescherte ihr eine Art zweite Gründerzeit. Jedenfalls äußerlich. Aus Aschenputtel wurde eine echte Prinzessin. Doch die umfassende Ge-

Herz der Altstadt: der Untermarkt

Steckbrief: Görlitz

Bundesland: Sachsen
Postleitzahlen: 02826–02829
Vorwahl: 03581
Geografische Lage: Görlitz liegt an der Lausitzer Neiße und ist die östlichste Stadt Deutschlands. Am anderen Neißeufer befindet sich die polnische Stadt Zgorzelec, die bis 1945 ein Stadtteil von Görlitz war.
Fläche: 67,22 km²
Kfz-Kennzeichen: GR
Bevölkerung: Görlitz hat gut 54 000 Einwohner. Das polnische Zgorzelec ca. 32 000. Nachdem die Einwohnerzahlen der Stadt mit den Heimkehrern des Zweiten Weltkriegs etwa 100 000 erreichten, ist seitdem ein stetiger Bevölkerungsrückgang zu verzeichnen. Mit einer Bevölkerungsdichte von 805 Einwohnern pro Quadratkilometer ist Görlitz eher weitläufig besiedelt.
Arbeitslosenquote: 13 % (Januar 2015)
Wirtschaft: Die größten Arbeitgeber sind Bombardier Transportation (Waggonbau), Siemens (Turbinenbau) und BMS-KEMA (Maschinen für die Keramikbranche). Wichtige Wirtschaftszweige sind außerdem der Lebensmittelsektor, der Einzelhandel, das Dienstleistungsgewerbe und der Tourismus.

neralüberholung der Bausubstanz kann nicht darüber hinwegtäuschen, dass die Stadt am östlichen Rande der Republik seit der politischen Wende wirtschaftlich nicht so recht auf die Beine kommen will. Seit Jahren trägt Görlitz deutschlandweit die rote Laterne in Sachen Erwerbslosenquote.

Europastadt

Nach dem Zweiten Weltkrieg wurde Görlitz zur geteilten Stadt – der Teil östlich der Neiße war nun polnisch, der westliche gehörte zur DDR. Die Grenze wurde streng bewacht, Kontakte waren spärlich. Eine Brückenfunktion zwischen Ost und West bekam die Doppelstadt, als sich Görlitz-Zgorzelec 1998 feierlich zur ersten Europastadt kürte. Seitdem wächst auch hier – freilich langsam – zusammen, was zusammengehört. Es gibt einen deutsch-polnischen Kindergarten, ein Orchester, gemeinsame Veranstaltungen sowie städtebauliche Planungen.

Mitten im Dreiländereck

Das Bundesland Sachsen grenzt im Osten an Polen, im Süden an Tschechien. Jeweils nur einen Katzensprung von Görlitz entfernt finden sich kulturhistorische Leckerbissen wie Breslau, das Hirschberger Tal oder das Glatzer Land. Die alten, östlichen Grenznähte Europas sind Landschaften des Umbruchs, überaus spannendes Grenzland.

Natur & Landschaft

Die östlichste Stadt Deutschlands ist eine ausgesprochen grüne Stadt, sage und schreibe 60 Prozent des Stadtgebiets bestehen aus Grünflächen! Mitten durch Görlitz verläuft der 15. Meridian östlicher Länge, an dem sich die Mitteleuropäische Zeit orientiert.

Görlitz liegt am westlichen Ufer der Lausitzer Neiße, seit 1945 Grenzfluss zu Polen. Die Neiße durchbricht hier den östlichen Rand des Lausitzer Granitmassivs, das sich in Görlitz zu einem mächtigen Felsentableau erhebt. Auf diesem Burgberg thront seit dem Mittelalter hoch über dem Fluss die spätgotische Peterskirche.

Westlich der Stadt erstreckt sich die **Oberlausitzer Heide- und Teichlandschaft,** das größte zusammenhängende Teichgebiet Deutschlands. Ein großer Teil dieser Naturlandschaft, rund 30 000 Hektar, wurde 1996 zum **UNESCO-Biosphärenreservat** erklärt. Seitdem steht die jahrhundertealte Kulturlandschaft mit ihrer mannigfaltigen Flora und Fauna, ihren Mooren, Sümpfen, Tümpeln und kleinen Gewässern unter

Der Berzdorfer See südlich von Görlitz war früher eine Braunkohlegrube – fast 10 Jahre hat die Flutung insgesamt gedauert

strengem Schutz. Die einst hier ansässigen slawischen Sorben nannten diesen Naturraum Łuza, Sumpfland. Daraus ging später die Bezeichnung Lausitz hervor.

Im Süden von Görlitz liegt das **Lausitzer Bergland,** eine vielgestaltige Mittelgebirgslandschaft mit vulkanischen Kuppen, malerischen Tälern und granitenen Bergrücken.

Lausitzer Neißeland nennt sich die östlichste Ferienregion Deutschlands zwischen Görlitz und dem brandenburgischen Senftenberg. Aus alten Braunkohletagebauen entsteht nordwestlich der Neißestadt eine neuartige touristische Seenlandschaft: das **Lausitzer Seenland.** Die vom Tagebau zurückgelassenen Wüsten und Mondlandschaften, die recht schaurig wirkenden Lausitz-Canyons, werden nach und nach geflutet und bilden neue, künstliche Binnenseen, die schließlich mit Kanälen verbunden werden. Bis 2018 soll alles fertig sein.

Nahe Görlitz entwickelt sich auf diese Weise gerade ein Natur- und Erholungsresort, der 9,6 Quadratkilometer große **Berzdorfer See** (▶ Seite 136). Die Lausitzer Natur samt Mensch bekam gewissermaßen eine zweite Chance, Natur und Menschenwerk sollen jetzt zu einer harmonischen Einheit verschmelzen.

Geschichte

Zeittafel

Ab 1200 v. Chr.
Besiedelung der Region um Görlitz.

6.–9. Jh.
Ansiedlung slawischer Stämme.

1071
Erste urkundliche Erwähnung von Görlitz als *villa Gorelic*.

1234
Gründung eines Franziskanerklosters vor den Toren der Stadt.

1255–1268
Stadterweiterung vom Untermarkt zum Obermarkt.

1303
Görlitz erhält das Stadtrecht.

1346
Görlitz vereint sich mit großen Oberlausitzer Städten zum Sechsstädtebund.

1429
Erster Hussitenangriff auf Görlitz und andere Städte in der Oberlausitz im Kontext der Hussitenkriege.

1525
Eine Tagung mehrerer Erzpriester in der Peterskirche beschließt, fortan das Evangelium ohne Einmischung Roms zu predigen.

1525
Eine verheerende Feuersbrunst vernichtet größere Teile der Stadt. Wiederaufbau im Stil der Frührenaissance durch Wendel Roskopf d. Ä.

1527
Großer Tuchmacheraufstand.

1635
Görlitz und die Oberlausitz kommen zum Kurfürstentum Sachsen.

Ab 1639
Im Dreißigjährigen Krieg wird Görlitz sowohl von schwedisch-protestantischen als auch von kaiserlich-katholischen Truppen belagert.

1756–63
Im Siebenjährigen Krieg geht Kursachsen an Preußen.

1806
Sachsen schließt sich dem Rheinbund an.

1813
In der Völkerschlacht bei Leipzig kämpft Sachsen auf napoleonischer Seite.

1815
Der Wiener Kongress ordnet Görlitz der preußischen Provinz Schlesien zu.

1816
Erste Tuchfabrik am Neißeufer.

1844–1847
Bau des Bahnviadukts über das Neißetal.

Die Stadthalle in Görlitz um 1920

1847
Eisenbahnverbindung Görlitz – Dresden.

1849
Anfänge des Görlitzer Waggonbaus durch Christoph Lüders.

1852
Schleifung mittelalterlicher Stadttore.

1867
Eisenbahnverbindung Görlitz – Berlin.

1869
Gründung der Aktienbrauerei (heute Landskronbrauerei).

1910
Eröffnung der Stadthalle als Spielstätte der Schlesischen Musikfeste.

Ab 1935
Nach Diskriminierung und Verfolgung verlassen viele Juden die Stadt.

9.11.1938
In der Reichspogromnacht kommt es zur Verwüstung jüdischer Geschäfte. Die Synagoge wird geschändet. Görlitzer Juden werden in KZs verschleppt.

1939–1945
Görlitz bleibt im II. Weltkrieg weitgehend von Zerstörungen verschont.

Ab Oktober 1939
Im Nazi-Stammlager Stalag VIII-A in Görlitz-Moys werden Zehntausende Kriegsgefangene interniert, viele von ihnen ermordet.

Februar 1945
Durchzug endloser Flüchtlingsströme aus den östlichen Frontgebieten.

8.3.1945
Propagandaminister Joseph Goebbels fordert die Görlitzer in der Stadthalle zum Durchhalten auf.

30.3.1945
Görlitz wird zur Festung erklärt.

7.5.1945
Die SS sprengt alle Neißebrücken.

Sommer 1945
Die von Vertriebenen überfüllte Stadt leidet unter einer furchtbaren Hungersnot.

1945
Die Lausitzer Neiße wird Grenzfluss, die Stadt geteilt. Görlitz-Ost kommt zu Polen und erhält den Namen Zgorzelec, die meisten Deutschen werden von dort vertrieben.

1949
Der VEB Waggonbau Görlitz liefert die ersten D-Zug-Wagen an die Deutsche Reichsbahn der DDR.

1950
Die DDR und die Volksrepublik Polen unterzeichnen in Zgorzelec ein Abkommen über ihre „unantastbare Friedens- und Freundschaftsgrenze“.

1952
Auflösung der Länder in der DDR, Görlitz gehört nun zum Bezirk Dresden.

17.6.1953
Görlitz wird zu einem der Zentren des Widerstands gegen die DDR-Regierung. Großdemonstration auf dem Stalinplatz, dem heutigen Obermarkt. Der Ausnahmezustand wird über Görlitz verhängt.

1976
Baubeginn des Neubauviertels in Königshufen. Gleichzeitig verfallen die Gebäude in der Altstadt.

1990
Engagierte Görlitzer Bürger gründen den „Aktionskreis zur Rettung der Stadt“.

1991
Görlitz wird in das Bund-Länder-Programm Städtebauförderung Denkmalschutz aufgenommen, die Altstadtsanierung beginnt.

1998
Proklamation der niederschlesischen Europastadt Görlitz-Zgorzelec.

1995
Ein anonymer Spender überweist erstmals eine Million Mark zur Restaurierung der Görlitzer Altstadt. Die „Altstadtmillion“ trifft seitdem jährlich ein.

2002
Abriss des denkmalgeschützten klassizistischen Wilhelmstheaters.

2004
Wiedereröffnung der Altstadtbrücke als Fußgängerbrücke nach Zgorzelec.

2007
Grenzkontrollen zwischen Polen und Deutschland fallen weg.

August 2010
Das Neiße-Hochwasser richtet in Teilen der Altstadt starke Schäden an.

Mai bis Oktober 2011
Dritte Sächsische Landesausstellung zum Thema Via Regia.

Görlitzer Stadtgeschichte

Aus dem slawischen Gorelic wird das deutsche Görlitz

Die Region um Görlitz ist schon seit dem 13. vorchristlichen Jahrhundert besiedelt. Bei Ausgrabungen fand man Keramik aus dieser vorchristlichen Zeit. Diese Epoche wird heute Lausitzer Kultur genannt. Im 6. Jahrhundert wandern westslawische Stämme ein, die bis Ende des 9. Jahrhunderts gänzlich die Herrschaft übernehmen. Die Region gehört nun zum Gau Milska, auf der Landeskrone errichten die Milzener eine zentrale Burganlage. Zwischen dem heutigen Nikolaigraben und dem Nikolaifriedhof entsteht nun das slawische Dorf **villa Gorelic,** zu deutsch Rodungsstelle. Aus diesem Fischer- und Handwerkerkiez in der heutigen Nikolaivorstadt entwickelte sich allmählich der Handelsplatz Görlitz.

Im Zuge der aggressiven deutschen Ostexpansion des ostfränkischen Königs Heinrich I. (873–936) fiel die Region um Görlitz und die gesamte Oberlausitz im 10. Jahrhundert an Ostfranken. Nach und nach folgten deutsche Siedler.

Im Jahre 1071 wird das slawische Dorf *villa Gorelic* erstmals urkundlich erwähnt – in einem Schenkungsdokument des deutschen Königs und späteren Kaisers des Heiligen Römischen Reiches, Heinrich IV. Er überließ das Dorf dem Meißner Domkapitel. Schon vier Jahre später, 1075, wird das gesamte Gebiet der heutigen Lausitz der Herrschaft des böhmischen Herzogs Vratislav unterstellt,

Görlitz um 1650 (Kupferstich)

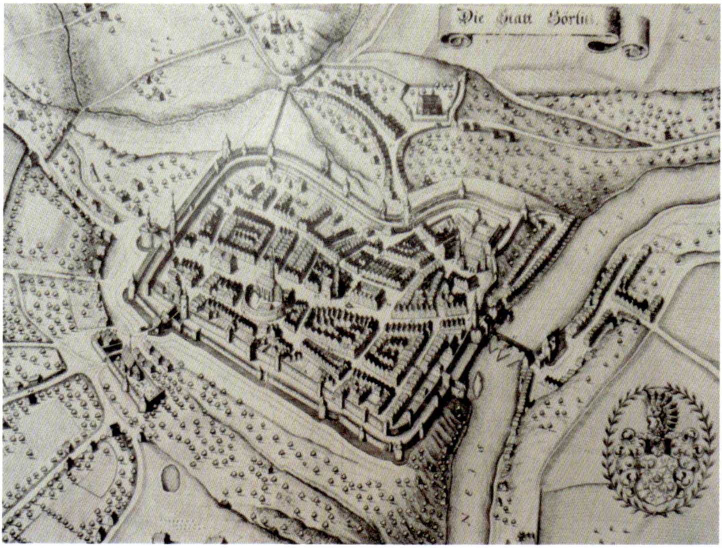

Mit dem Bau der Nikolaikirche wurde bereits 1100 begonnen

der damit auch zum Herrscher über Görlitz wurde. Hoch über der Neiße wird im Jahre 1131 auf sein Geheiß die böhmische **Burg Yzcorelik** errichtet.

Im Schutz der Burg und angelehnt an die slawische Siedlung entsteht zwischen 1100 und 1150 ein **Kaufmannsbezirk** am heutigen Steinweg in der Nikolaivorstadt, dort, wo sich die mittelalterlichen Fernhandelsstraßen Via Regia und Neiße-Talrand-Straße kreuzten. Gleichzeitig wird mit dem Bau der Nikolaikirche begonnen.

Um das Jahr 1200 ziehen die Görlitzer Kaufleute um. Sie verlassen die Nikolaivorstadt und bauen sich unterhalb des herrschaftlichen Vogtssitzes eine planmäßige Stadtanlage um den Untermarkt herum. Bereits Mitte des 13. Jahrhunderts erfolgt eine drastische Erweiterung nach Westen hin. Der Obermarkt entsteht. Im Jahre 1303 erhält Görlitz schließlich das **Stadtrecht** – auf der Grundlage des Magdeburger Rechts, das den Stadtbürgern freie wirtschaftliche Tätigkeit, privates Eigentum und persönliche Freiheit garantiert.

Wirtschaftliche Blütezeit: Görlitz wird zum böhmischen Handelszentrum

Schon Julius Cäsar hatte von dem Wundermittel berichtet: „Mit Waid färben sie sich die Haut blau und bekommen in der Schlacht ein erschreckend wildes Aussehen." Später, im ausgehenden Mittelalter, dient die knallgelb blühende Pflanze nicht mehr als kriegerisches Make-up, sondern als Färbemittel für Tuche, dem Exportschlager der Görlitzer Kaufleute. Lange Zeit ist **Waid** (▸ Seite 80) die Grundlage des blühenden Tuchhandels in der Lausitz und des schier unermesslichen Reichtums der Görlitzer Tuchhändler.

Im Jahre 1339 erhält Görlitz das Stapelrecht für Waid. Nun müssen durchziehende Kaufleute ihre Ware in der Stadt abladen und zum Verkauf anbieten. Die Stadt zu umgehen ist ihnen streng untersagt. Die Benutzung der mitten durch die Stadt führenden Via Regia, der königlichen Straße, ist obligatorisch. Görlitz wird dadurch zum Zentrum des Waidhandels zwischen Thüringen und Breslau. Der böhmische König erteilt der Stadt außerdem das Salzstapelrecht, das Braurecht sowie die Zollfreiheit in allen Ländern, die zur böhmischen Krone gehören. Mit solchen Privilegien ausgestattet, ist lukratives Wirtschaften fast kinderleicht.

So entwickelt sich Görlitz zu einer bedeutenden wirtschaftlichen und politischen Macht in der Region. 1346 wird es außerdem Mitglied im **Oberlausitzischen Sechsstädtebund,** einem königlich anerkannten Verteidigungsbündnis, dem auch die Städte Zittau, Bautzen, Lauban, Löbau und Kamenz angehören. Das Bündnis will den Landfrieden gegen Raubritter, Schutzgelderpresser und Wegelagerer wahren. Vor allem soll aber der Einfluss des Landadels, der die Geschäfte der neureichen Kaufleute am liebsten unterbinden möchte, weiter eingeschränkt werden. Im Namen des Königs dürfen die sechs Städte sogar Recht sprechen, Urteile vollstrecken, Burgen und Festungen abbrechen und die Acht aussprechen, also Personen für rechtlos erklären.

Der florierende Handel mit Waid und Tuch macht Görlitz zur reichsten Stadt der Oberlausitz. Die Einwohnerzahl steigt um das Jahr 1400 auf rund 8 000 Menschen. In der Mitte des 15. Jahrhunderts sind bereits 126 Tuchmachermeister registriert, Tendenz stark steigend. Doch es gärt im Verhältnis zwischen Tuchmachern und Kaufleuten. Die Mitbestimmungsmöglichkeiten der Handwerker sind im Görlitzer Rat, der von den reichen Patriziern beherrscht wird, nahezu bedeutungslos. Darüber hinaus verbietet ein Gesetz den Tuchmachern, ihre Produkte selbst zu verkaufen. Die Kaufleute liefern die Rohstoffe – Waid und Schafwolle – und kaufen das Endprodukt billig von den Tuchmachern zurück. Fast zwangsläufig brechen Unruhen aus, die ersten schon um 1326 und 1347. Rund 200 Jahre werden die Auseinandersetzungen dauern. Zum Großen **Tuchmacheraufstand** kommt es schließlich im Jahre 1527. Der Rat bekommt jedoch Wind von dem geplanten Aufstand. Man verhaftet die Anführer und lässt sie hinrichten.

Der lautstarke Protest der Handwerker und Zünfte gegen die Stadtobrigkeit ist im Zusammenhang mit den großen gesellschaftlichen Veränderungen dieser Zeit zu sehen: Humanistische Ideale greifen in ganz Europa um sich. Die Entdeckung neuer Seewege revolutioniert den „internationalen" Handel. Der Bauernkrieg von 1525 rüttelt empfindlich an den überkommenen mittelalterlichen Besitzverhältnissen. Und Martin Luthers Reformation verändert das Gesicht des Christentums. Im Jahre 1521 predigt der Görlitzer Stadtpfarrer Franz Rotbart erstmals im Sinne der lutherischen Ideen, 1523 wird das neue Bekenntnis in der Neißestadt offiziell und friedlich eingeführt.

Demütigung der Oberlausitzer Städte

Im Schmalkaldischen Bund von 1531 schließen sich die protestantischen deutschen Fürsten und Städte zusammen, um mit vereinten Kräften die bevorstehende Auseinandersetzung mit dem katholischen Kaiser Karl V. aufzunehmen.

Görlitz und die evangelischen Oberlausitzer Städte sehen sich nun in der Bredouille, gegen ihre eigenen Glaubensgenossen zu Felde ziehen zu müssen. Denn der böhmische König steht auf katholischer Seite und fordert von ihnen uneingeschränkte militärische Unterstützung gegen das protestantische Heer.

Kurz vor der Entscheidungsschlacht des **Schmalkaldischen Krieges** im Jahre 1547 zieht die Truppe der sechs Städte vorzeitig aus dem Heerlager ab. Zur Strafe kommt es zum sogenannten **Pönfall:** Görlitz und die anderen Städte der Oberlausitz verlieren alle Privilegien und sämtliche städtischen Landgüter. Sie müssen alle Waffen abliefern und ein empfindliches Strafgeld bezahlen.

Die Vormacht der Städte über den Landadel ist damit gebrochen. Doch schon in den kommenden Jahrzehnten kaufen sich die Städte ihre alten Privilegien weitgehend zurück, ihre ehemalige Machtfülle und ihren politischen Einfluss erreichen sie aber längst nicht mehr.

Zusätzlich verliert zu der Zeit auch das Waidmonopol seine Bedeutung, weil Indigo von Übersee die Waidpflanze als Färbemittel ablöst.

Dreißigjähriger Krieg: Görlitz wird sächsisch …

Ab 1618 rüstet die Gegenreformation zur großen Abrechnung. Im Dreißigjährigen Krieg wird jedoch nicht nur für religiöse Überzeugungen gestorben, hier rollen auch politische Würfel über die deutsche Landkarte hinweg. Auch über Görlitz und die Oberlausitz. Die Neißestadt wird von Wallensteins Truppen erstürmt und geplündert. Als Entschädigung für die sächsischen Kriegsaufwendungen fällt die Oberlausitz 1635 als böhmisches Lehen an das Kurfürstentum Sachsen.

Die Gegenreformation ist in Görlitz weit weniger repressiv für die Bevölkerung als in anderen Regionen. Protestantische **Glaubensflüchtlinge** aus Böhmen lassen sich daher im Neißeland nieder. Sie bringen zudem das Know-how für die Leinenweberei mit. Politisch und wirtschaftlich ist die Sachsenzeit für Görlitz eine eher ruhige Epoche. Innerhalb der Stadt verheeren die **Großbrände** von 1691, 1717 und 1726 bedeutende Teile des Zentrums. Nach dem Vorbild Dresdens wird unter der Herrschaft August des Starken barock wiederaufgebaut.

Mitte des 18. Jahrhunderts zieht preußisches Militär mitten durch die Oberlausitz, auf dem Weg zu seinen drei Schlesischen Kriegen. Dutzende Truppendurchmärsche folgen in den Jahren der Befreiungskriege gegen Frankreich. Anfang des 19. Jahrhunderts besucht Napoleon Görlitz einmal vor und einmal nach seinem Russlandfeldzug. Immerhin ein Licht im Dunkel dieser unruhigen Zeit der

Befreiungskriege: Im Jahre 1787 werden die ersten 200 ölbetriebenen Straßenlaternen in der Neißestadt aufgestellt.

… und dann preußisch

In der **Völkerschlacht bei Leipzig** 1813 kämpft und verliert das sächsische Militär auf der Seite Frankreichs. Mit der darauffolgenden territorialen Neuordnung Europas durch den **Wiener Kongress** 1815 werden Sachsen drei Fünftel seines Landes genommen und Preußen zugeschlagen. Görlitz gehört jetzt zur preußischen Provinz Schlesien und untersteht dem Regierungsbezirk Liegnitz.

Im Jahre 1830 wird Görlitz zur preußischen Garnisonsstadt, der Kaisertrutz (▶ Seite 104) am westlichen Rand des Obermarktes zur Hauptwache und zum Waffenarsenal. Die Einführung der Handelsfreiheit in Preußen und in den Staaten des Deutschen Bundes fördert die **Industrialisierung.** Traditionelle Berufsgruppen wie Weber und Schneider werden verdrängt, Wollspinnereien lassen sich am Neißeufer nieder. 1837 nimmt die Tuchfabrik Bergmann & Krause die erste Dampfmaschine in Betrieb, 1849 beginnt Christoph Lüders mit dem Bau von Eisenbahnwaggons. Die Bevölkerungszahl verzehnfacht sich im 19. Jahrhundert und steigt bis 1895 auf über 70 000 Görlitzer an. Eisenbahnen verbinden die Stadt mit Dresden und Berlin. Die südliche mittelalterliche Stadtbefestigung muss in der Mitte des Jahrhunderts für die notwendige Stadterweiterung abgebrochen werden. Es entsteht eine **Neustadt** im Stil des Historismus der Gründerzeit. Die vornehmen Gebäude bieten vielen wohlhabenden preußischen Beamten im Ruhestand angemessenen Wohnraum. **Pensionopolis** wird Görlitz jetzt etwas spöttisch genannt. Die Schlesischen Musikfestspiele, das Stadttheater, Museen und Ausflugsgaststätten bieten um die Jahrhundertwende vielfältige Unterhaltungsmöglichkeiten.

Karl V.: Der deutsche Kaiser besiegt 1547 den Schmalkaldischen Bund, dem auch Görlitz angehört (Tizian-Gemälde von 1548)

Im **Ersten Weltkrieg** beklagt Görlitz 2278 Gefallene. Die Nachkriegszeit beginnt auch in Görlitz zunächst revolutionär mit der Bildung eines Arbeiter- und Soldatenrates.

Weimarer Republik und Zweiter Weltkrieg

Die Weimarer Republik und die Goldenen Zwanziger sind für Görlitz eine **Zeit der künstlerischen Blüte.** Und auch wirtschaftlich steht die Stadt in den 1920er Jahren gut da: Der *Fliegende Hamburger*, ein hochmoderner Schnelltriebwagen, wird zum bekanntesten Erzeugnis der Görlitzer Waggon- und Maschinenbau-AG, kurz WUMAG genannt.

Mit der Machtergreifung der Nazis werden vor allem in den Stadtteilen östlich der Neiße gewaltige Kasernen hochgezogen – Vorboten der militärischen Planungen. In der **Reichspogromnacht** am 9. November 1938 kommt es zu Verschleppungen jüdischer Bürger in Konzentrationslager, zu Verwüstungen jüdischer Geschäfte, zu Enteignungen jüdischen Eigentums. Die Synagoge in der Neustadt wird geschändet und die Inneneinrichtung zerstört.

Bereits im Oktober 1939, wenige Wochen nach dem Überfall auf Polen und dem Beginn des Zweiten Weltkriegs, entsteht das Nazi-Stammlager Stalag VIII-A in Görlitz-Moys, dem heutigen Zgorzelec-Ujazd. Hier werden fast 100 000 Kriegsgefangene interniert – vor allem Franzosen, Sowjets und Polen. Aber auch Belgier, zeitweise Italiener, Briten und Amerikaner. Eine große Zahl von ihnen wird bestialisch ermordet. In der WUMAG, nun ein Rüstungsbetrieb, besteht die Belegschaft in den Kriegsjahren fast zur Hälfte aus Zwangsarbeitern. Aus dem anfänglichen Barackenlager, das die WUMAG für die Arbeiter errichtete, wurde mit der Umstellung

1841: Der Obermarkt dient als Appellplatz der preußischen Garnisonstruppen

Der Neißeviadukt gehört bis heute zu den längsten Eisenbahnbrücken Deutschlands

auf den Rüstungsbetrieb das **KZ-Außenlager Görlitz,** auch KZ Biesnitzer Grund genannt. Das Lager gehörte zum niederschlesischen Konzentrationslager Groß-Rosen (Rogoźnica) im heutigen Polen.

Kurz vor Kriegsende, im März 1945, wird Görlitz zur Festung erklärt. Als klar wird, dass der Krieg nicht mehr zu gewinnen ist, sprengt die abrückende Wehrmacht sämtliche Neißebrücken. Am 8. Mai 1945, dem letzten Kriegstag, nimmt die Rote Armee Görlitz ohne Gegenwehr ein. Zu diesem Zeitpunkt liegen die Städte östlich von Görlitz in Schutt und Asche. Görlitz aber hat Glück, wie ein Wunder bleibt es weitgehend vom Krieg verschont. Es gab zwar Angriffe sowjetischer Tiefflieger und Artilleriebeschuss, die auch Tote forderten, aber die Front rollte an Görlitz vorbei.

Nach Kriegsende ziehen über Monate endlos scheinende **Flüchtlingstrecks** aus Schlesien kommend in die Neißestadt. Es kommt zur Hungersnot, besonders Kinder und Alte sterben. Mit Kriegsende wird Görlitz außerdem geteilt. Das Stadtgebiet östlich der Neiße wird Polen zugesprochen und heißt jetzt **Zgorzelec** (gesprochen: *zgo'dscheletz*), der westliche Teil mit Altstadt und Zentrum bleibt deutsch und gehört nun zum Land Sachsen. Im Juni 1945 beginnt die Vertreibung der deutschen Bevölkerung aus Görlitz-Ost.

Görlitz nach 1945: DDR und Deutsche Wiedervereinigung

Durch die Grenzziehung 1945 verliert Görlitz sein gesamtes östliches Hinterland. Außerdem seine Gas- und Elektrizitätswerke und den fruchtbarsten Teil seiner Landwirtschaft. Die Görlitzer Großbetriebe werden

Peterskirche und Waidhaus, im Vordergrund die Altstadtbrücke

1947 von der sowjetischen Verwaltung in Volkseigentum umgewandelt. Die WUMAG wird zur **VEB Waggonbau Görlitz,** bis 1984 produziert der Vorzeigebetrieb um die 4 000 Waggons für den gesamten Ostblock.

Im Juli 1950, knapp ein Jahr nach Gründung des ostdeutschen Staates, schließen Polen und die DDR den **Oder-Neiße-Grenzvertrag** in Zgorzelec. Der Verlauf der Oder und der Lausitzer Neiße werden zur „unantastbaren Friedens- und Freundschaftsgrenze".

1952 wird Görlitz in den DDR-Bezirk Dresden eingegliedert. Wie in vielen DDR-Städten gärt es im Sommer 1953 auch in Görlitz. Am **17. Juni** legen die Arbeiter des VEB Waggonbau ihre Arbeit nieder. Andere schließen sich ihnen an. Rund 30 000 Menschen versammeln sich gegen Mittag auf dem Stalinplatz, dem heutigen Obermarkt, und solidarisieren sich mit den streikenden Arbeitern der Ostberliner Stalinallee. Sie besetzen das Rathaus, setzen den Oberbürgermeister ab, lassen 417 politische Gefangene frei und gründen eine unbewaffnete Bürgerwehr. Der angestrebte Machtwechsel in der DDR scheitert jedoch, der Aufstand wird von der Roten Armee niedergeschlagen und die Görlitzer Streikführer zu langen Haftstrafen verurteilt.

Ab 1976 werden im nördlichen Stadtteil Königshufen und auch im westlich gelegenen Rauschwalde **Neubau-Plattensiedlungen** errichtet. Die historischen Gebäude der Altstadt lässt der Rat der Stadt dagegen mehr und mehr verfallen.

Ab 1972 dürfen sich die Bürger der beiden sozialistischen Bruderstaaten ohne Pass und Visum besuchen. Die Brücke der Freundschaft zwischen Görlitz und Zgorzelec wird emsig zum „Einkaufstourismus" überquert. Anlässlich des 30. Jahrestags des Zgorzelecer Grenzvertrags feiert man 1980 die „Tage der Freundschaft und Kultur der DDR und der VR Polen". Kaum ist die Staatsparty beendet, wird die Freundschaftsgrenze dicht gemacht. Die damals beginnende Streikbewegung in Polen und die Erfolge der polnischen Gewerkschaft *Solidarność* versetzen die DDR-Führung in Angst und Schrecken. Die Brücke wird wieder zum streng gesicherten Grenzübergang.

Im Oktober 1989 finden in Görlitz – wie an vielen Orten in der DDR – Friedensgebete statt. Zum Zeitpunkt der **Deutschen Wiedervereinigung** 1990 ist die Görlitzer Altstadt bereits weitgehend verfallen. Kaum jemand will noch in den baufälligen Häusern leben, der flächendeckende Abriss war von der DDR-Regierung bereits beschlossen gewesen.

Doch 1991 wird Görlitz in ein Bund-Länder-Programm der Städtebauförderung aufgenommen. Die Sanierung der Altstadt schreitet erfolgreich voran, so dass Görlitz 1996 zur **Modellstadt der Altstadtsanierung** erklärt wird. Seit 1995 hilft außerdem ein anonymer Spender jährlich mit 500 000 Euro bei der weiteren Sanierung (▸ Seite 26).

Im Jahre 1998 schließen sich die Schwesterstädte zur deutsch-polnischen **Europastadt Görlitz-Zgorzelec** zusammen. 2004 wird die Altstadtbrücke als direkte Verbindung zwischen den beiden Städten wieder aufgebaut.

Kultur & Lebensart

Görlitz-Zgorzelec ist heute internationale Europastadt und wächst endlich wieder enger zusammen. Die umfassende Generalsanierung von Görlitz kann aber nicht darüber hinwegtäuschen, dass die Stadt am östlichen Rande der Republik seit der politischen Wende wirtschaftlich nicht so recht auf die Beine kommen will.

Das führt dazu, dass besonders junge Menschen seit 1990 in den Westen oder in die ostdeutschen Boomstädte abwandern. Die Bevölkerungszahl sinkt stetig, aktuell leben in Görlitz ca. 54 000 Menschen. Prognosen gehen bis 2020 von weiteren Bevölkerungsverlusten zwischen 7 und 11 Prozent aus. Dem versucht die Stadt Görlitz gezielt entgegenzuwirken. So verschickt sie zum Beispiel seit Ende 2006 Infopakete an Bundesbürger, die sich für einen Umzug nach Görlitz interessierten. Erfolgsversprechend ist dies wohl auch deshalb, weil die Kulturstadt an der Neiße immer mehr – wie einst zu Zeiten des preußischen Beamtentums (▸ Seite 17) – zum beliebten Alterssitz von Senioren aus den alten Bundesländern wird; zu einem neuerlichen Pensionopolis.

Seitdem Görlitz Maßnahmen gegen den Bevölkerungsschwund ergriffen hat, konnte die Stadt immerhin fast 10 000 neue Einwohner gewinnen. Trotzdem können diese Zuzüge die Abwanderung nicht aufwiegen. Von 2008 bis 2010 konnten Interessierte in Görlitz außerdem eine Woche lang kostenlos „Probewohnen", als Teil eines Modellprojektes der TU Dresden.

Die Arbeitslosigkeit bleibt weiterhin das größte Problem der Görlitzer: Noch immer trägt die sächsische Stadt deutschlandweit die rote Laterne in Sachen Erwerbslosenquote, ungefähr jeder Fünfte muss sich bis heute arbeitslos melden. Der Hauptgrund ist die einseitige Ausrichtung der Industrie zu DDR-Zeiten, die meisten Berufstätigen waren damals in und um Görlitz in der Braunkohle- und Textilindustrie sowie in der Elektrobranche beschäftigt. Im Übergang von der sozialistischen Planwirtschaft zur kapitalistischen Marktwirtschaft brachen diese Industriezweige fast vollständig zusammen. Der Braunkohletagebau wurde 1997 stillgelegt. Aus den zurückgebliebenen tristen Mondlandschaften entstehen nun durch Flutung attraktive touristische Paradiese (▸ Seite 136), blaue Hoffnungsschimmer für die arbeitssuchenden Görlitzer.

Sachsen, Schlesier oder Lausitzer?

Görlitz ist eine sächsische Stadt in der niederschlesischen Oberlausitz und die Görlitzer damit … ja was eigentlich? Seit 1410 ist der Name Lausitz gebräuchlich. Ende des 15. Jahrhunderts begann man, die Nieder- von der Oberlausitz zu unterscheiden. Seither gehört Görlitz zur Oberlausitz.

Mit dem Wiener Kongress im Jahre 1815 fielen beträchtliche Teile der Oberlausitz an das Königsreich Preußen. Görlitz gehörte nun zur preußischen Provinz Schlesien. Eine Einteilung in Nieder- und Oberschlesien erfolgte erst 1919 nach dem Ersten Weltkrieg.

Der Großteil der Oberlausitz ist heute Bestandteil des 1990 neu gegründeten Bundeslandes **Sachsen.** Für die Görlitzer selbst ist der vermeintliche Wirrwarr sowieso kein Problem, die verstehen sich seit Jahrhunderten als **Oberlausitzer.**

Deutsche, Polen – Europäer?

Am Ende des Zweiten Weltkriegs wurde Görlitz und seine 1945 in Zgorzelec umgetaufte Vorstadt zur Heimat tausender Flüchtlinge. Mit der Grenzziehung zwischen Polen und Deutschland fiel Schlesien an Polen, die deutschen Schlesier vertrieb man aus der Region. In Görlitz stieg dadurch in den Nachkriegswochen die Einwohnerzahl auf über 100 000 Einwohner an. Viele der fremden Ankömmlinge blieben in der neuen Grenzstadt und wollten nicht noch weiter gen Westen ziehen. Denn sie hofften, möglichst bald wieder in ihre nahe schlesische Heimat zurückzukehren. Ähnlich ging es den aus dem fernen polnischen Osten vertriebenen Polen in Zgorzelec – hierher zwangsumgesiedelt, um die vertriebene schlesische Bevölkerung zu ersetzen. Auch sie glaubten nicht an einen dauerhaften Aufenthalt.

Es kam bekanntlich anders. Eine „Friedensgrenze" zwischen Polen und Deutschland entstand. Die ließ jedoch Kontakte zwischen den Menschen links und rechts der Neiße kaum zu. Man wurde sich fremd, nationale Vorbehalte blieben auch nach 1990 bestehen.

Doch allmählich wächst auch hier langsam zusammen, was zusammengehört: 1998 kürte sich Görlitz-Zgorzelec feierlich zur **Europastadt.** Seitdem gibt es einen deutsch-polnischen Kindergarten, das *Zwergenhaus*, ein gemeinsames Kinderfest, das „Wir, die Neißekinder" heißt, ein deutsch-polnisches Orchester, Stadtbuslinien, die beide Teile verbinden, eine gemeinsame Planung zur Begrünung der Neißeufer, diverse Partnerschaften, Freundschaften. Dass die beiden Grenzstädte mit ihrer gemeinsamen Bewerbung zur europäischen Kulturhauptstadt 2010 im Finale knapp gescheitert sind, hat ihren Optimismus nur wenig getrübt. Am zentralen Anliegen der Bewerbung, ein neues gemeinsames Zentrum – den Brückenpark – zu schaffen, wird jedenfalls weiterhin festgehalten.

Langsam wächst zusammen, was zusammen gehört

GÖRLITZ
ZGORZELEC
EUROPASTADT

Feste & Veranstaltungen

Detaillierte Informationen zu allen größeren Veranstaltungen gibt es bei der Görlitz-Information (▶ Seite 32). Tagesaktuelle Veranstaltungen findet man unter www.vkalender.com. Zu einigen Festen, etwa dem Straßentheaterfestival ViaThea im August, kann es in Görlitz sehr voll werden. Wer dabei sein will, sollte Hotels und Restaurants daher frühzeitig buchen. Einige Termine können außerdem von Jahr zu Jahr variieren, deshalb sollte man sich vorab bei den Infostellen vergewissern.

März

Görlitz rockt!
Kneipenfestival mit Live-Musik

Schlesisches Nach(t)lesen
Literaturvergnügen an ungewöhnlichen Orten

April

Internationaler Denkmaltag
Führungen zu stadt- und architekturgeschichtlichen Themen

Komplexum mit Pyromanum
Feuertanz, Hexenzauber und exotische Feuershows auf der Kulturinsel Einsiedel

Mai

Görlitzer Jazztage
(5 Tage Ende Mai) – Jazz in allen Variationen, u. a. auf dem Fischmarkt

Juni

Fête de la Musique
Straßenmusikfestival

Europamarathon Görlitz
Zgorzelec – grenzenlos durch zwei Länder

Landskron Braufest der Sinne
Großes Brauereifest auf dem Gelände des Industriedenkmals

Campus Party
Auf dem Gelände der Hochschule Zittau/Görlitz am Neißeufer

Sommertheater „Alles oder nichts“
Zweiwöchiges Historienspiel auf dem Untermarkt

Muschelminnafest
Feierlichkeiten am Postplatz mit dem Thema Gründerzeit

Tag der offenen Sanierungstür
Einblicke in sanierte und unsanierte Görlitzer Bauwerke

Erlebnistag Berzdorfer See
Sport, Unterhaltung und Besichtigungstouren rund um die größte „Badewanne“ der Region

Juli

Schlesischer Tippelmarkt
Großes Töpfertreffen in der Altstadt

August

via Tipp **ViaThea Straßentheater**
An einem langen Augustwochenende verwandelt sich Görlitz seit 1995 jährlich in ein großes Freilichttheater. Auf zahlreichen Bühnen in der Alt- und Innenstadt treten internati-

Jedes Jahr im August findet das Straßentheaterfest ViaThea statt

onale Straßenkünstler auf: Von Masken- und Musiktheater bis Comedy und Performance Art wird hier alles geboten. Figuren- und Maskentheater auf höchstem Niveau. Weitere Infos unter
www.viathea.de.

Dreitägiges Altstadtfest Görlitz & Jakuby-Fest in Zgorzelec
Historisches Spektakel auf beiden Seiten der Neiße

September

Folklorum
Festival der Kulturen auf der Kulturinsel Einsiedel

Schlesisches Heimatfest Patrimonium Gorlicense
Tag des offenen Denkmals

Lange Nacht der Muse(e)n
Musik, Lesungen, Theater- und Tanzaufführungen in den Museen von Görlitz und Zgorzelec und im Tierpark

Oktober

Goldener Oktober
Dreitägiges kulinarisches Fest zur Deutschen Einheit auf dem Wilhelmsplatz

Dezember

Schlesischer Christkindelmarkt
von Anfang bis Mitte des Monats in der Altstadt

Architektur in Görlitz: Ein Bilderbuch der Baustile

Am Ende des DDR-Sozialismus war die Görlitzer Altstadt so weit verfallen, dass sie zum Sicherheitsrisiko für die Bewohner wurde. Die SED (Sozialistische Einheitspartei Deutschlands) beschloss daher den Abriss, 1989 bohrte man die ersten Sprenglöcher. In letzter Minute kam der Mauerfall dazwischen. Heute, gut 25 Jahre nach der Wende, darf man getrost von einem Wunder sprechen.

Görlitz hatte nicht zum ersten Mal Glück im Unglück. Im Krieg wurde es von Bombenangriffen und Bodengefechten weitgehend verschont. So blieb die historische Bausubstanz aus mehreren Jahrhunderten in einer einzigartigen Dichte vollständig erhalten.

Ab 1991 erhielt Görlitz als eine von fünf Modellstädten Ostdeutschlands beträchtliche Gelder. Das Förderprogramm Städtebaulicher Denkmalschutz hilft seit 1995. Im gleichen Jahr überwies ein unbekannter Gönner der Stadt erstmals 1 Mio. DM für die **Görlitzer Altstadtsanierung.** Seither trudelt diese „Altstadtmillion" – nun rund 500 000 Euro – regelmäßig Jahr für Jahr ein. So bilden heute annähernd 4 000 denkmalgeschützte Gebäude ein städtebauliches Gesamtkunstwerk, das seinesgleichen sucht. Viele halten Görlitz wieder für eine der schönsten Städte Deutschlands.

Zeitreise durch die Jahrhunderte

Man schlendert durch die Stadt und hat das Gefühl, auf der Suche nach der verlorenen Zeit zu sein – und sie auf einmal wiedergefunden zu haben. Die grundlegend sanierten und restaurierten Sakral- und Profanbauten der Görlitzer Altstadt stammen aus dem 13. bis 20. Jahrhundert. Die ältesten erhaltenen Wohngebäude wurden im 15. Jahrhundert errichtet. Die Bauten gehören fünf architektonischen Stilrichtungen an – der Spätgotik, der Renaissance, dem Barock, dem Gründerzeit-Historismus und dem Jugendstil. Eine sechste Stilrichtung offenbart sich dem Besucher an den Stadträndern: Hier zog die DDR in den 70er und 80er Jahren Neubaublöcke im Plattenbaustil hoch, etwa in Weinhübel an der südlichen und in Königshufen an der nördlichen Peripherie. Im Gegensatz zur Altstadt besaßen diese Wohnungen Zentralheizung und ein Badezimmer mit fließend warmem Wasser.

Gotik: Himmelwärts gewandt

Zwischen dem 12. und 15. Jahrhundert bestimmte das orthodoxe Christentum die europäische Weltanschauung. Diesem Weltbild gemäß schmückten weithin sichtbare Gotteshäuser die Städte und verliehen der Macht der Kirche Ausdruck. Der

Typisch für die Gotik: spitze Bögen, Kreuzrippengewölbe, Pfeiler

bestimmende Architekturstil in dieser Epoche war die Gotik, sie löste die Romanik ab. Der charakteristische Höhendrang der gotischen Kathedralen diente zur Verherrlichung des christlichen Glaubens, ganz nah zu Gott drängte das gläubige Streben.

Neu im gotischen Baustil war vor allem der Spitzbogen bei Fenstern und Arkaden (Laubengänge) anstelle des romanischen Rundbogens. Außerdem Kreuzrippengewölbe und Strebepfeiler an den Kirchen – letztere gewissermaßen steinerne „Krücken", um die mächtigen Wände abzustützen.

In Görlitz entstanden in der Zeit der Gotik die bedeutendsten Sakralbauten: die Peterskirche, die Nikolaikirche, die Dreifaltigkeitskirche, die Frauenkirche und die Annenkapelle. Frühgotischen Ursprungs sind noch die Seitenportale der Peters- und der Nikolaikirche.

Auch wenn in erster Linie der Sakralbau in der gotischen Architektur vorherrschend war, so veränderte und entwickelte der neue Stil doch auch die profane Baukunst. Schließlich schuf wirtschaftliches Wachstum ein neues Selbstbewusstsein des aufstrebenden Bürgertums und ließ die Städte aufblühen. Es entstanden erste Repräsentationsbauten, Befestigungsanlagen mit imposanten Toren und Türmen in den Städten, Rathäuser und andere öffentliche Gebäude, Wohn- und Zunfthäuser und Spitäler.

In der Görlitzer Altstadt trifft man vorwiegend auf Profanbauten aus der Spätgotik, der Zeit zwischen dem 14. und dem beginnenden 16. Jahrhundert. Zu diesen Bauten gehören die erhaltenen Teile der mittelalterlichen Stadtmauer, Türme, der Kaisertrutz und mehrere Hallenhäuser am Untermarkt. Sie wurden später im Stil der Renaissance umgeformt, haben ihren Ursprung aber in der Gotik.

Renaissance: Lebenslustig und Prunk liebend

Im späten 15. Jahrhundert lösten neue Lebens- und Glaubensstile das religiös geprägte Weltbild vorheriger Jahrhunderte ab: Individuelle Freiheit, Humanismus, Reformation, Orientierung auf das Irdische standen nun im Vordergrund. Das Mittelalter ging zu Ende. Das Hauptanliegen der Architekturrichtung die-

Typisch für die Renaissance: symmetrische Achsen und treppenförmige Giebel, 4. v. l.: Monogramm von Wendel Roskopf d. Ä. in der Brüderstraße 11

ser neuen Zeit, der Renaissance, war daher weniger der Kirchenbau wie in der Gotik. Stattdessen errichtete man repräsentative Paläste für reiche Kaufleute und Adlige sowie prachtvolle öffentliche Gebäude, die die Macht der Städte dokumentierten.

Der Renaissancestil hat seinen Ursprung in Italien. Die Baumeister dieses Stils verstanden sich als Erben und Wahrer der antiken römischen Tradition und wendeten die Formen der klassischen Architektur an. Geometrie steht in der „Re-naissance“, dieser „Wiedergeburt“ der Antike, im Vordergrund: Alle Achsen sind strikt symmetrisch. Das Bauwerk ist außerdem klar gegliedert, die einzelnen Geschosse werden deutlich voneinander abgesetzt und bestimmte geometrische Grundmotive wiederholt. Die gotischen Spitzbögen werden durch runde Bögen ersetzt. Die Gebäudegiebel sind treppenförmig angelegt.

Görlitz gilt als die Hauptstadt der Renaissance nördlich der Alpen. Viele Gebäude dieses Stils sind untrennbar mit dem Namen des großen Renaissancebaumeisters **Wendel Roskopf d. Ä.** verbunden. In der Görlitzer Altstadt etwa der Schönhof von 1526 am Untermarkt. Er ist das älteste und beeindruckendste Renaissancegebäude der Stadt. Zu den Görlitzer Renaissancebauten gehören außerdem: die Rathaustreppe mit der Verkündigungskanzel am Alten Rathaus, das Biblische Haus in der Neißstraße, mehrere Bürgerhäuser am Untermarkt und in der Peterstraße. Viele der prächtigen Portale in der Altstadt sind ebenfalls in diesem Stil gestaltet, etwa in der Brüderstraße Nummer 11.

Barock: Üppiges Ornament und große Pose

Der Barock wird in die Zeit von 1575 bis 1770 datiert. Man unterscheidet zwischen Frühbarock, Hochbarock (ab ca. 1650) und Rokoko (in Deutschland ab ca. 1730). Auch diese Stilrichtung ging von Italien aus und setzte sich zunächst in den katholischen Ländern Europas durch. Der Barock gilt daher als Kunstform der Gegenreformation und des Absolutismus.

Die strengen Formen der Renaissance werden im Barock aufgegriffen

Typisch für den Barock: verspielt, bewegt, üppige Ornamentik, farbiger Putz

und gewissermaßen „zum Tanzen" gebracht. Die klassische, geometrische Harmonie wird abgelöst durch Bewegung, rauschhaftes Pathos und Dramatik. Säulen, Friese, Giebel, Bogen werden im Barock mit großer Variationsfreude eingesetzt. Vor allem aber werden Barockbauten mit üppigen Ornamentmotiven und kurvigen Formen geschmückt, wie beim sogenannten Ohrmuschelstil. Typisch für den Barock sind auch geschweifte Giebelumrisse und farbig gestrichener Putz.

Das wohl schönste Barockgebäude in Görlitz ist das Haus in der Neißstraße 30, in dem heute ein Teil des Kulturhistorischen Museums untergebracht ist. In dieser Straße stehen noch weitere barocke Perlen. Auf Barockes trifft man außerdem am Untermarkt (Neptunbrunnen), am Obermarkt und in vielen Seitenstraßen. Aus barocker Zeit stammt auch die berühmte Sonnenorgel in der Peterskirche sowie zahlreiche Gebäudeportale und Innenhöfe. Sehr sehenswert sind außerdem die barocken Grabmale auf dem Nikolaifriedhof.

Klassizismus, Gründerzeit und Jugendstil: Vornehme bürgerliche Eleganz

Ab Mitte des 18. Jahrhunderts – nach der Abschaffung des Absolutismus – wird die aufgeklärte bürgerliche Gesellschaft zum kulturellen Leitbild. Als Gegenmodell zum absolutistischen Barock entwickelt sich in dieser Zeit die Kunstrichtung des **Klassizismus.** In Deutschland war der Kunsthistoriker Johann Joachim Winckelmann (1717–1768) Wegbereiter dieser neuen Stilrichtung. Der Klassizismus nahm sich die antike Kunst und Kultur der Griechen und Römer zum Vorbild. Das Ideal der klassizistischen Architektur waren die gewaltigen Tempel der Römer. Anders als zur Zeit der Renaissance, als man sich ebenfalls auf antike Traditionen besann, war im Klassizismus vor allem die Monumentalität der nachgeahmten Bauwerke von Bedeutung. In Görlitz sind das Stadttheater und schräg gegenüber das Humboldthaus, heute Sitz des Naturkundemuseums, in diesem Stil erbaut. Es gibt aber auch viele klassizistische Wohngebäude, etwa die kubischen, gie-

Typisch für Klassizismus und Gründerzeit: Monumentalbauten nach römischem Vorbild, kubische Formen, Mietskasernen

bellosen Häuser am Obermarkt. Ihre Fenster sind rechts und links von Säulen gerahmt.

Mit der Industrialisierung setzte Mitte des 19. Jahrhunderts die Epoche der Gründerzeit ein. Der vorherrschende Architekturstil dieser Zeit war der **Historismus.** Er hatte seine Anfänge in Deutschland kurz vor der Reichsgründung 1871 und ahmte historische Baustile wie die Gotik, die Renaissance und den Barock nach. Im Neorenaissancestil ist beispielsweise die hohe Fassade des Görlitzer Neuen Rathauses von 1903 gestaltet.

Die Gründerzeit war von massiven gesellschaftlichen Umbrüchen gekennzeichnet: Die Industrialisierung setzte in Mitteleuropa einen ungeahnten wirtschaftlichen Aufschwung in Gang und die Menschen zog es auf der Suche nach Arbeit in die Städte. Den erhöhten Bedarf an Wohnraum befriedigte man mit einer architektonischen Neuheit: Mehrstöckige Mietshäuser wurden in einer Art Massenproduktion schnell hochgezogen. Die Räumlichkeiten waren meist monoton und ohne jeglichen Komfort. Mit Hilfe eines Fassadenkatalogs schmückte man die Häuser außen im Stil des Historismus. Neben diesen Mietshäusern entstanden in der Gründerzeit auch Wohngebäude, die den Repräsentationsansprüchen des neureichen gründerzeitlichen Bürgertums entsprachen und eine individuelle Note besaßen. In Görlitz stehen die prächtigsten Exemplare dieser Stilrichtung vor allem im Herzen der Innenstadt. Viele betuchte Neubürger fanden nach der großen Stadterweiterung im 19. Jahrhundert hier eine noble Bleibe in großzügigen, stuckverzierten Etagenwohnungen mit eleganten Treppenhäusern, Erkern und Balkonen.

Ebenfalls in der gründerzeitlichen Innenstadt, in noch größerer Anzahl aber in der Südstadt, stehen Wohngebäude und herrliche Villen aus dem **Jugendstil.** Die Stilrichtung, die ihre Blütezeit von 1895 bis 1910 erlebte, wandte sich gegen den damals noch vorherrschenden Historismus. Hauptmerkmal dieser Stilrichtung sind großflächige Darstellungen von Blumen- und Pflanzenmustern. Bezeichnend für den Jugend- oder Sezessionsstil sind außerdem elegant

Typisch für den Jugendstil: geschwungene Linien, großflächige Ranken- und Blumenmuster

geschwungene Linien, die durch ihre Bewegung wirken: Man sieht oft Zweige, Ranken, Gräser und anderes schmückendes Beiwerk, die den Fassaden und Räumen Leben und Rhythmus geben. Zu den Görlitzer Kostbarkeiten im Jugendstil gehören das Kaufhaus am Marienplatz, der Muschelminna-Brunnen auf dem Postplatz und die Straßburg-Passage. Auf prächtige Jugendstilvillen trifft man in der Südstadt. Bauherren dieser noblen architektonischen Schmuckstücke waren meist reiche Industrielle, Großkaufleute und Bankiers.

Platte: Tristesse mit Komfort

Die Bautechnik aus vorgefertigten Bau- und Konstruktionselementen war bereits ab 1910 gebräuchlich. Im Sinne des Historismus wurden die Gebäude mit dekorativen Elementen verziert. Das war sowohl handwerklich als auch preislich aufwendig. Mit dem akuten Wohnungsmangel nach dem Zweiten Weltkrieg begann daher die standardisierte und kostengünstigere Serienproduktion.

In der DDR wurde der industrielle Plattenbau ab 1972 zum vorherrschenden Neubautyp. Neue Stadtteile wurden aus dem Boden gestampft. Mit Zentralheizung und Bad boten die Wohnungen für DDR-Verhältnisse größtmöglichen Komfort. Heute schaffen die schlichten, schmucklosen Fassaden ein uniformes und tristes Erscheinungsbild. Mittlerweile versucht man, dies durch freundliche Fassadenfarben und Begrünung abzumildern – auch im Görlitzer Stadtteil Königshufen. Dort entstanden zwischen 1978 und 1987 rund 6 000 Plattenbauwohnungen im legendären Bautyp WBS 70.

Platte: uniform, trist, komfortabel

Allgemeine Informationen A – Z

ANREISE

Mit der Bahn

Görlitz ist mit den Zügen der Deutschen Bahn und der ODEG (Ostdeutsche Eisenbahn) zu erreichen. Es gibt stündliche Verbindungen aus Dresden, Cottbus, Bautzen und Zittau. Ab Wrocław (Breslau) fahren 3x täglich Züge. Aus Richtung Berlin steigt man in Cottbus um.

Spartipp bei der Anreise aus Berlin: Statt eines DB-Tickets Berlin–Görlitz kauft man einen VBB-Fahrschein bis Spremberg (letzte Station im Verkehrsverbund Berlin-Brandenburg – VBB) sowie ein Ticket Spremberg–Görlitz (im ODEG-Zug erhältlich).

Deutsche Bahn
Fahrplaninformationen und Buchung (auch für ODEG): (01 80) 5 99 66 33 (14 ct/Min.) | kostenlose Fahrplanauskunft: (08 00) 1 50 70 90 | www.bahn.de

Mit dem Auto

Görlitz ist im Norden an die B 115 (Cottbus), im Westen an die A 4 (Dresden) und im Süden an die B 99 (Zittau) angeschlossen.

Tipp für die Anreise aus Berlin: Die Strecke auf der A 13 bis Dresden (Ausfahrt Nord) und weiter auf der A 4 nach Görlitz ist zwar länger als die Route über Cottbus, aber meist schneller, weil man auf der Autobahn bleibt.

Parken

Im Kernbereich der Innenstadt besteht Montag bis Freitag von 9 bis 19 Uhr und Samstag von 9 bis 16 Uhr fast überall Parkgebührenpflicht (30 Min. für 50 ct, Höchstparkdauer 4 Std.). In der Klosterstraße, am Grünen Graben und in der Sonnenstraße kann man mit Parkscheibe bis zu 2 Stunden kostenlos parken. Am Klosterplatz neben der Dreifaltigkeitskirche gibt es ebenfalls kostenlose Parkmöglichkeiten, außerdem am Neißeufer. In der historischen Altstadt dürfen nur die Anwohner parken, Be- und Entladen ist jedoch erlaubt. Sehr zentral liegt das Parkhaus B + B am City-Center hinter der Frauenkirche, ein weiteres befindet sich am Bahnhof.

AUSKUNFT

Die Görlitz-Information ist die offizielle Touristen-Information der Stadt, i-vent eine private Agentur. Sie liegen direkt nebeneinander an der Ecke Obermarkt/Brüderstraße. Der Touristen-Service umfasst die Buchung von Unterkünften, Ausflügen und Pauschalangeboten, ebenso wie den Vorverkauf von Karten für lokale und überregionale Veranstaltungen. Außerdem werden täglich Stadtführungen angeboten (▸ Seite 53).

Görlitz-Information ▸ E3/F3
Brüderstraße 1 | (0 35 81) 47 57-0 | www.goerlitz.de | Mai–Okt. Mo–Fr 9–18, Sa 10–17 Uhr, So/Fei 10–16 Uhr, Nov.–Apr. Mo–Fr 9.30–18, Sa/So/Fei 9.30–14.30 Uhr

i-vent ▸ E3/F3
Obermarkt 33/Ecke Brüderstraße | (0 35 81) 42 13 62 | www.goerlitz-

tourismus.de | Apr.-Okt. Mo–Fr 9–18, Sa 9.30–17, So/Fei 9.30–15 Uhr, Nov.-März Mo–Fr 9–18, Sa 9.30–15 Uhr

BANKEN

Filialen verschiedener Banken befinden sich am Demiani- und am Postplatz. Alle mit **Geldautomaten**.

Deutsche Bank ▸ E4
Demianiplatz 10 | Mo/Di/Do 9–18.30 Uhr, Mi 9–13 Uhr, Fr 9–13 Uhr

Commerzbank ▸ E5
Berliner Straße 53 (am Postplatz) | Mo–Fr 9–13 Uhr, Mo/Di/Do 14–18 Uhr, Mi/Fr 14–16 Uhr

Sparkasse ▸ E5
Berliner Straße 64 (am Postplatz) | Mo/Mi/Fr 8.30–16 Uhr, Di/Do 8.30–18 Uhr

BEHINDERTE

Über die Begehbar- und Erreichbarkeit von rund 40 Sehenswürdigkeiten in Görlitz und Zgorzelec informiert die Görlitz-Information unter www.goerlitz.de und in der Touristen-Information.

Dort gibt es detaillierte Angaben und Übersichtspläne für Hotels, Pensionen, Restaurants, Cafés und öffentliche Gebäude, die über Bordsteine, Parkplätze, Toiletten, Haltestellen, Steigungen etc. informieren. Außerdem erfährt man, wo Rollstühle zu leihen sind.

FUNDBÜRO ▸ F3

Untermarkt 6–8 (im Bürgerbüro des Alten Rathauses) | (0 35 81) 67-0 | Mo/Mi/Do 7–18 Uhr, Di 7–19 und Fr 7–14 Uhr

Rathausuhr am Untermarkt

INTERNET

Buchhandlung Art Goreliz ▸ F3/F4
Brüderstraße 3 | (0 35 81) 845 11 11 | Tgl. 9–19 Uhr
(▸ Seite 46)

NOTDIENSTE

Medizinische Versorgung

Allgemeinmediziner
Mariusz Barczyk ▸ E6
Konsulstraße 13 | (0 35 81) 40 69 24
Evelyn Thoß ▸ E6
Wilhelmsplatz 9 | (0 35 81) 40 64 45

Apotheke
Bären-Apotheke ▸ E5
An der Frauenkirche 2 (nahe Marienplatz) | (0 35 81) 38 510 | Mo–Fr 8–18.30 und Sa 8–13 Uhr

Krankenhaus
Städtisches Klinikum ▸ A2/B2
Girbirgsdorfer Straße 1–3 | (0 35 81) 370 | www.klinikum-goerlitz.de

Zahnarzt
Dr. med. dent. Gabriel & Reinhard Abel ▸ E4
Demianiplatz 28 | (0 35 81) 40 35 21

EC- und Kreditkarten

Zentraler Karten-Sperr-Notruf: 116 116 und (0) 1805 021 021

Pannenhilfe

ADAC: (01 80) 2 22 22 22
Automobilclub Deutschland: (08 00) 9 90 99 09
Auto Club Europe: (01 80) 2 34 35 36

Polizei und Feuerwehr

Notruf: 112
Polizei: 110
Feuerwehr: 112
Polizei Görlitz: (0 35 81) 6 50-0

Seelsorge und Soziales

Telefon-Seelsorge: (08 00) 1 11 02 22

KLIMA & REISEZEIT

Hauptreisezeit ist in Görlitz zwischen Ostern und Anfang Oktober. Besonders in den Sommermonaten besuchen viele Touristen die Stadt. Außerhalb der Saison haben viele Einrichtungen eingeschränkte Öffnungszeiten.

Wetter in Görlitz	*Jan*	*Febr*	*Mär*	*Apr*	*Mai*	*Jun*	*Jul*	*Aug*	*Sept*	*Okt*	*Nov*	*Dez*
Tagestemp.	*-1°*	*2°*	*8°*	*18°*	*19°*	*20°*	*24°*	*25°*	*20°*	*10°*	*10°*	*2°*
Nachttemp.	*-6°*	*-2°*	*1°*	*6°*	*8°*	*11°*	*14°*	*13°*	*10°*	*4°*	*5°*	*-3°*
Sonnen-std./Tag	*2*	*3*	*4*	*5*	*7*	*7*	*7*	*7*	*5*	*4*	*2*	*2*
Regentage/ Monat	*10*	*9*	*9*	*10*	*10*	*10*	*10*	*10*	*9*	*8*	*10*	*12*

KRIMINALITÄT

Autodiebstahl kommt vor. Stellen Sie Ihren Wagen am besten sicher oder auf bewachten Parkplätzen ab.

POST

Info-Telefon der Deutschen Post
(0 18 02) 33 33 (6 ct/Anruf)

Hauptpost am Postplatz
Mo–Fr 8–18.30, Sa 9–12 Uhr

PREISE

Im Vergleich zu anderen deutschen Städten ist das Preisniveau in Görlitz sehr moderat.

1 Tasse Kaffee	1,80 €
1 Glas Bier (0,3 l)	2,30 €
1 Softdrink (0,2 l)	1,80 €
1 Kugel Eis	0,80 €
1 Taxifahrt (pro km)	2,00 €
1 Busfahrt	1,40 €

SCHWULE & LESBEN

Schwubs, die SchwuLesBische Initiative, veranstaltet regelmäßig Partys und Stammtische in der Neißestadt. Unter www.schwubs.info findet man die aktuellen Termine, relevante Neuigkeiten und vieles mehr.

TELEFON & HANDY

Vorwahl Görlitz: 03581
Vorsicht: Aufgrund der Nähe zu Polen wählen sich Handys häufig ins polnische Handynetz ein.

Rückgrat des Görlitzer Nahverkehrs: Die Straßenbahn

VERKEHRSMITTEL

Öffentlicher Nahverkehr

Die Verkehrsgesellschaft Görlitz GmbH (VGG) betreibt zwei Straßenbahnlinien und sieben Stadtbuslinien, darunter eine grenzüberschreitende nach Zgorzelec. Die Straßenbahnlinie 2 fährt von Biesnitz/Landeskrone über Bahnhof und Demianiplatz nach Königshufen/Am Wiesengrund, die Linie 3 von Weinhübel über Bahnhof und Demianiplatz nach Königshufen/Am Marktkauf. Bus P fährt Montag bis Freitag alle 20 Minuten ab Demianiplatz über die Neiße nach Zgorzelec. Endstation: Supermarkt real,- am nordöstlichen Rand der Stadt. Fahrscheine für diese Fahrt bekommt man nur beim Busfahrer.

Fahrplan- und Tarifauskunft
Kundenbüro VGG | Demianiplatz 26 (Theaterpassage) | (0 35 81) 33 95 95 | www.vgg-goerlitz.de | Mo–Fr 8–18 Uhr

Tickets und Tarife
Fahrscheine erhält man im Kundenbüro der VGG oder an den Fahrkartenautomaten (Bezahlung nur mit Münzgeld).
Einzelfahrt: 1,40 € / 1 € / Tageskarte: 3 €

Ausflüge in die Görlitzer Umgebung
Das Kundenbüro der VGG hilft bei der Ausflugsplanung mit Bus und Regionalbahn, außerdem die Fahrplanauskunft unter www.zvon.de. Dabei gelten die Tarife des Zweckverbandes Verkehrsverbund Oberlausitz-Niederschlesien (ZVON). Sehr günstig sind das Kleingruppenticket und das Euro-Neiße-Ticket für 20 € pro Tag und bis zu 5 Personen. Das Euro-Neiße-Ticket gilt für Fahrten nach Polen und Tschechien innerhalb der Euroregion Neiße. Eine Fahrradtageskarte innerhalb des ZVON-Verbundgebietes kostet 3 €.

Regionale Busverbindungen
Ab Busbahnhof am Demianiplatz neben dem Stadttheater. Regelmäßige Verbindungen:
Bus 21: Ostritz/St. Marienthal, Zittau.
Bus 130: Löbau.
Bus 145: Weißenberg via Königshain.
Bus 140: Weißwasser.
Bus 139: Rothenburg via Zentendorf (Kulturinsel Einsiedel).

Taxi
Taxistände gibt es am Bahnhof und am Marienplatz vor dem Naturkundemuseum. In Zgorzelec u. a. an der Altstadtbrücke.

Taxiruf-Zentrale Görlitz
(0 35 81) 400 800

Fahrradtaxi
Abfahrt am Obermarktbrunnen | Apr.–Okt. tgl. 10–18 Uhr

Fahrradverleih
Mit dem Rad die Umgebung entdecken – das bietet sich in Görlitz an. Schließlich liegt es direkt am Oder-Neiße-Radweg. Rund um Görlitz geht es da entlang der Neiße etwa zum Berzdorfer See (▸ Seite 136) oder nach Ostritz (▸ Seite 147).

bett + bike ▸ F2
adfc im Hotel Zum Hothertor
Große Wallstraße 1 | (0 35 81) 66 11 00 | www.zum-hothertor.de

Little John Bikes ▸ C2
Heilige-Grab-Straße 26 | (0 35 81) 31 31 66

Der Fahrradladen ▸ F4
Fischmarkt 4 | (0 35 81) 41 07 27

Michas Bike & Fitness-Shop ▸ D6/E6
Jakobstraße 5 | (0 35 81) 41 70 80

Der Görlitzer Bahnhof ist ein guter Ausgangspunkt für Touren in die Umgebung

Medientipps

Presse

In Görlitz erscheint keine eigenständige Tageszeitung. Die sächsische Zeitung besitzt jedoch einen mehrseitigen Lokalteil, die *Görlitzer Nachrichten*. Interessant ist die Beilage *Lausitzer Leben*.

Im Görlitzer Senfkorn Verlag erscheint monatlich die Zeitschrift *Schlesien heute* mit aktuellen Beiträgen und Themen zu Görlitz und der Region (www.schlesien-heute.de).

Buchtipps

Joachim Otto: *Görli und Gregorek* (Roman, Westkreuz-Verlag 2011). Eine fabelhafte Katzenliebe an beiden Ufern der Neiße. Fabel zum grenzübergreifenden Miteinander.

Rotraud Schöne: *Schlesisches Himmelreich* (Roman, Herbig, 1990). Die Geschichte einer Görlitzer Familie von 1920 bis 1945.

Rotraud Schöne: *Schlesien westwärts* (Roman, Herbig, 1999). Schilderung eines schlesischen Schicksals von 1945 bis heute.

Adolf Muschg: *Kinderhochzeit* (Roman, Suhrkamp, 2008). ▸ Seite 86.

René Harder: *Der Gottesacker blüht* (Chichinebs-Verlag Görlitz, 2003). Das Buch zum Theaterstück ▸ Seite 86.

Görlitzer Sagen, gesammelt und nacherzählt von Gustav Werner (Senfkorn Verlag, 2009).

Jakob Böhme: *Aurora oder Morgenröte im Aufgang* (insel taschenbuch, 1992). ▸ Seite 128.

Internetseiten

www.goerlitz.de
Offizielle Website von Görlitz

www.unser-goerlitz.de
Portal über Sehenswürdigkeiten, Infos und News aus Görlitz

www.goerlitzer-anzeiger.de
Aktuelle Informationen und Beiträge aus Politik, Gesellschaft, Wirtschaft, Gesundheit und Kultur in Görlitz

www.facebook.com/StadtGoerlitz
Facebook-Seite der Stadt

www.zgorzelec.eu
Offizielle Website von Zgorzelec (polnisch)

www.it.zgorzelec.pl
Website der Touristen-Information

www.wir-my.de
Deutsch-polnisches Infoportal

www.virtualpolen.de
Ratgeber Polen

Blog

www.hermann-schwiebert.de/goerlitz
Hermann Schwiebert ist 63 Jahre alt und lebt in Görlitz. Auf seinem Blog informiert und kommentiert er Aktuelles aus Stadt und Region.

Übernachten

1 500 Betten gibt es für die knapp 350 000 jährlichen Besucher der Stadt. Auswählen können sie aus etwa 200 Unterkünften, vom Luxushotel bis zur Jugendherberge.

Und um im Herzen von Görlitz herrschaftlich zu nächtigen, muss man kein Millionär sein. Die Preise der Hotels, Pensionen und Ferienwohnungen sind im Vergleich zu anderen deutschen Städten eher günstig. Viele der Unterkünfte liegen darüber hinaus direkt in der Altstadt. Tipp für Sparfüchse und Familien: Wer für wenig Geld in einem schön sanierten Barock-, Jugendstil- oder Gründerzeitaltbau übernachten möchte, bucht eine **Ferienwohnung.** Die Angebote an Wohnungen verschiedener Größe sind zahlreich.

Behilflich bei der Suche und Buchung der passenden Herberge ist die Görlitz-Information (▸ Seite 32). Unter www.goerlitz.de kann man das kostenlose Gastgeberverzeichnis der Stadt einsehen, bestellen oder herunterladen. Ferienwohnungen und Pensionen findet man im Internet auch unter www.unser-goerlitz.de.

Altstadt

Romantikhotel Tuchmacher ▸ F3
60 stilvoll und komfortabel eingerichtete Zimmer und Suiten in einem der schönsten Renaissancegebäude der Stadt. Drei Zimmer mit originalen Renaissanceholzdecken. Das schönste Zimmer ist die Nr. 202. Das Restaurant *Schneider Stube* im Haus serviert gehobene schlesische Küche.
Peterstraße 8 | (0 35 81) 47 31-0 | www.tuchmacher.de | €€€

via Tipp **Hotel Börse** ♿ ▸ F3
Liebevoll restauriertes Barockgebäude mitten auf dem Untermarkt. Alle Zimmer sind individuell ausgestattet. Parkplatz in der Nähe. Zum Hotel Börse gehören außerdem das **Gästehaus** mit stilvollen Zimmern und die einfachere **Herberge Zum sechsten Gebot**. Hier ist jedes Zimmer nach einem oder einer berühmten (meist auch berüchtigten) Herzensbrecher oder -brecherin benannt: Casanova, Heinrich VIII., Katharina II. oder Mata Hari. Denn die benachbarte Rosenstraße war einst die Rotlichtgasse der Stadt.
Untermarkt 16 | (0 35 81) 7 64 20 | www.boerse-goerlitz.de | Hotel €€€ | Gästehaus €€–€€€ | Herberge €–€€

Hotel Emmerich ▸ F3
Neues Hotel direkt am Untermarkt. 15 elegant und mit persönlicher Note gestaltete Zimmer auf vier Etagen. Benannt ist das Hotel nach Georg Emmerich, dem ehemaligen Hausbesitzer, legendären Görlitzer Bürgermeister und Jerusalem-Pilger aus dem 15. Jahrhundert.
Untermarkt 1 | (0 35 81) 76 66 00 | www.emmerich-hotel.net | €€€

Hotel Paul Otto ▸ F3
Am Nikolaiturm. Sehr stilvolle und komfortable Zimmer verschiedener Größe. Historisches Ambiente. Das Gasthaus Destille nebenan ist dem

Hotel angegliedert.
Nikolaistraße 5/6 | (0 35 81) 64 91 62 | www.hotelpaulotto.de | €€–€€€

Hotel Zum Klötzelmönch ▸ E3
Kleines, stilvolles Hotel in der Altstadt, Parkplatz.
Fleischerstraße 3 | (0 35 81) 4 75 80 | www.kloetzelmoench.de | €€

Hotel Schwibbogen ▸ F4
Traditionsreiches Haus in zentraler Lage, 15 komfortable Zimmer. Restaurant mit schlesischen Spezialitäten.
Obermarkt 34 | (0 35 81) 8 77 78 90 | www.hotelschwibbogen.de | €€

Pension Goldene Feder ▸ F3/G3
Mitten in der Altstadt, familienfreundlich, 6 individuell eingerichtete Zimmer mit Holzdielenböden.
Handwerk 12 | (0 35 81) 40 04 03 | www.pension-goerlitz.de | €–€€

Zum Hothertor ▸ F2
Einfache, saubere Zimmer. Komplett saniert. Direkt am Neißeradweg. Fahrradverleih, Stadtführungen etc.
Große Wallstraße 1 | (0 35 81) 66 11 00 | www.zum-hothertor.de | €

Ferienwohnungen

Ferienwohnungen Untermarkt 19 ▸ F3
Drei Ferienwohnungen in einem restaurierten Altstadthaus direkt am Untermarkt, 30, 69 und 70 m^2 groß. Zentral und ruhig, schöne Holzböden.
Untermarkt 19 | (01 51) 46 67 43 73 | www.unser-goerlitz.de/uebernachten | ab 50 € ohne Endreinigung

Im Gästehaus des Hotel Börse

Jugendherberge

Europa-Jugendherberge Görlitz ▶ F3
42 Zimmer mit 168 Betten, 5 Familienappartements, 4 barrierefreie Zimmer. Mitten in der Görlitzer Altstadt.
Peterstraße 15 | (0 35 81) 64 90 700 | www.goerlitz-city.jugendherberge.de | €

Nikolaivorstadt

Pension Am Alten Waschhaus ▶ F2
Zimmer mit Flair, mittendrin und ruhig, schöner Garten. Am Rande der Altstadt, Nähe Untermarkt.
Große Wallstraße 3–5 | (0 35 81) 40 86 67 | www.pension-am-alten-waschhaus.de | €

Innenstadt & Südstadt

Am Goldenen Strauss Akzent Hotel ♿ ▶ E4
Jugendstilgebäude von 1901 am Marienplatz, 46 komfortable Zimmer, Hotelrestaurant, Fahrradverleih.
Struvestraße 1 | (0 35 81) 42 81 81-0 | www.stadthotel-goerlitz.de | €€

Hotel Schellergrund ▶ E9
In ruhiger, waldähnlicher Parkanlage, Restaurant, Fahrradverleih.
Martin-Opitz-Straße 2 | (0 35 81) 40 16 87 | www.schellergrund.de | €€

Pension Kulmbacher Postillon
Direkt an der Landeskrone gelegen. Mit Gaststätte.
Aufgangstraße 6 | (0 35 81) 74 09 66 | www.kulmbacher-postillion.de | €–€€

Außerhalb

Hotel Zum Marschall Duroc
52 geschmackvoll eingerichtete Zimmer, Restaurant, Terrasse, Sauna, Fahrradverleih.
Girbigsdorfer Straße 3, OT Holtendorf | (0 35 81) 73 44 | www.hotelmarschallduroc.de | €€

Die Vierradenmühle wird von der Neiße umtost

Essen & Trinken

Die Görlitzer lieben es fleischig und deftig. Zumindest lassen die kulinarischen Spezialitäten der Region darauf schließen: Schlesisches Himmelreich (Schweinebauch oder Kassler mit Backobst und Klößen) oder Schlesische Wellwurst (Brühwurst aus Schweinefleisch- und Leber) gibt es. Aber keine Sorge, Vegetarier und Freunde der leichten Küche werden in Görlitz ganz sicher nicht verhungern.

In der Altstadt reiht sich beinah ein Restaurant an das nächste, darunter eine große Zahl mit internationaler Küche. Und das Preisniveau ist in Görlitz sowieso eher günstig. Viele Restaurants bieten Seniorenteller mit kleineren Portionsgrößen an. Mitunter wird auch bio gekocht, aber das ist eher noch die Ausnahme. Cappuccino und Latte Macchiato sind in Görlitz dagegen längst angekommen. Dazu darf man sich den Schlesischen Mohn- oder Streuselkuchen keinesfalls entgehen lassen – am besten aus der Bäckerei des Klosters St. Marienthal.

Durchschnittspreis für ein Hauptgericht ohne Getränke in Görlitz:

€	bis 10 Euro
€€	10 bis 16 Euro
€€€	über 16 Euro

Altstadt & Nikolaivorstadt

Vierradenmühle ▸ F3/G3

Östlichstes Restaurant Deutschlands, schöne Lage am Neißewehr, in die Neiße ragende Sommerterrasse, Live-Musik. Ein Glasboden ermöglicht drinnen den Blick auf die Technik der historischen Anlage.

Hotherstraße 20 | (0 35 81) 40 66 61 | www.vierradenmuehle.de | Tgl. 11–24 Uhr | €€

Bürgerstübl ▸ F3

Ältestes Gasthaus in der Altstadt, gemütlich, deftige Küche: Schlesisches Bierfleisch, Bierzwiebelsuppe, Ratsherrenpfanne. Wunderbarer Biergarten. Angeschlossen ist *Die Tonne*, ein uriger Gewölbekeller aus dem 15. Jahrhundert.

Neißstraße 27 | (0 35 81) 87 95 79 | www.buergerstuebl-goerlitz.de | Mo–So ab 18 Uhr, Sa und So auch Mittagstisch ab 12 Uhr | €€

Acanthus & via regia ▸ F3

Gasträume in verwinkelten gotischen Kellergewölben, die miteinander verbunden sind, tolle Gartenterrasse mit Neißeblick von oben.

Neißstraße 20 | (0 35 81) 66 18 10 | Acanthus tgl. ab 11.30 Uhr, via regia tgl. ab 17.30 Uhr | Beide €€–€€€

via Tipp **St. Jonathan** ▸ F3

Mediterran essen unter altem Gewölbe, Gasträume auch im ehemaligen Renaissancesaal und in der Gloriakapelle. Außerdem gibt es eine stilvolle

In der Brüderstraße finden sich viele Restaurants und Cafés

Gartenterrasse mit kleinem Brunnen.
Peterstraße 16 | (0 35 81) 42 10 82 | www.goerlitz-restaurant.de | Mo 18–24 Uhr, Di–Sa 12–15 und 18–24 Uhr, So 12–15 und 18–22 Uhr | €€

Filetto ▶ F3
Gute mediterrane Küche, Steakvariationen, Salate, Hauswein, kleine Hofterrasse.
Peterstraße 1 | (0 35 81) 42 11 31 | http://www.filetto-goerlitz.de | Mo–Fr 17.30–24 Uhr, Sa 12–15 und 17.30–24 Uhr, So 12–15 und 17.30–22 Uhr | €€

Restaurant & Pension Destille ▶ F3
Am Nikolaiturm. Wirtshaus mit regionalen und schlesischen Speisen. Sommerterrasse. Besichtigung eines Jüdischen Bades im Kellergewölbe (▶ Seite 85).
Nikolaistraße 6 | (0 35 81) 40 53 02 | www.destille-goerlitz.de | €€

Gasthof & Hotel Dreibeiniger Hund ▶ F3
In zwei restaurierten mittelalterlichen Handwerkerhäusern, 14 Zimmer mit schlichter Eleganz, ruhige Lage, vorwiegend regionale Gerichte. Besonders schön sitzt man auf der begrünten Sommerterrasse mit Blick auf den Nikolaiturm.
Büttnerstraße 13 | (0 35 81) 42 39 80 | www.dreibeinigerhund.de | Tgl. ab 11 Uhr | €€

Schankhaus und Herberge Zum Nachtschmied ▶ E4
Altdeutsche Gaststube von 1870, rustikal und gemütlich. Regionale schlesische Küche, aber auch saisonale Angebote mit Fisch, Wild und Geflügel.
Obermarkt 18 | (0 35 81) 41 16 57 | www.zum-nachtschmied.de | Mo–So 11.30–15 und ab 17 Uhr | €€

Altstadt-Krone ▸ F3
Original polnische Spezialitäten wie *bigos, pierogi* oder *naleśniki* – (süße) Eierpfannenkuchen. Frühstück, 30 Teesorten, Weine, Biere.
Brüderstraße 6/Apothekergasse 1 | (0 35 81) 76 43 88 | www.altstadt-krone.de | Tgl. 9–22 Uhr, im Winter 11–18 Uhr | €

Emmerich´s – die Kantine im Rathaus ▸ F3
Frühstück und Mittagessen. Frische Küche ohne Friteuse, Mikrowelle & Co. Zugang zum historischen Innenhof des Rathauses.
Brüderstraße | (0 35 81) 67 12 42 | Mo–Fr 7.30–14 Uhr | €

CAFÉS & FRÜHSTÜCK

Ratscafé ▸ F3
In einem Renaissancegebäude von 1552, Frühstücks-, Mittags- und Abendkarte. Mit Sommerterrasse.
Untermarkt 24 | (0 35 81) 66 74 15 | www.ratscafe-goerlitz.de | Mo–Sa 9–20, So 10–20 Uhr (im Sommer open end)

Kaffee am Flüsterbogen ▸ F3
Tagsüber ist das „Flübo" ein Café für die Touristen, abends wird es zur beliebten Szenebar. Gute Cocktails. Mit Sommerterrasse.
Untermarkt 21 | (0 35 81) 41 45 42 | Mo–Fr ab 13 und Sa/So ab 9 Uhr, jeweils open end

Kulinarische Spezialitäten aus Schlesien

Schlesisches Himmelreich: Geräucherter Schweinebauch (oder Kasseler) mit Backobst, Zimt und Zitronenschale, dazu schlesische Kartoffelklöße (Kließla).

Schlesische Wellwurst: Brühwurst aus Schweineschwarten, Schweinebauch, Schweineleber und Gewürzen wie Majoran, Weißem Pfeffer und Thymian. Dazu werden Weißbrot und Schmalz gereicht (oder Kartoffelpüree und Sauerkraut).

Schlesischer Mohnkuchen: Ein als Striezel oder Stollen bekannter Wickelkuchen. In Hefeteig eingerollt wird eine Masse aus gemahlenem Mohn und Rosinen, Zucker, Zitronat. Der Morphingehalt gilt als unbedenklich.

Schlesischer Streuselkuchen (Sträselkucha): Hat sich von Schlesien aus in ganz Deutschland und fast global verbreitet.

Liegnitzer Bombe: Pfefferkuchenspezialität mit Früchten, stammt aus der niederschlesischen Stadt Liegnitz/Legnica.

Schlesischer Mohnkuchen

via Tipp Espressobar Caffè Kränzel ▸ F3
Cocktails, hausgemachter Kuchen, 75 Kaffeevariationen und der beste Espresso der Stadt. Außerdem kleine italienische Speisen und ein ruhiger Garten im Hof.
Neißstraße 24 | (01 74) 3 24 41 30 | Mo, Mi, Do 10–20, Fr/Sa 10–22, So 10–19 Uhr

Café Kugel ▸ F4
Kuchen, Kaffee, Kräuter, alles bio. Schönster und idyllischster Hofgarten der Stadt.
Weberstraße 10 | (0 35 81) 68 61 24 | Im Sommer tgl. 13–18 Uhr, im Winter unregelmäßig

Café Galerie 13 ▸ F3
Nahe Altstadtbrücke. Wechselnde Ausstellungen, hausgemachter Kuchen nach alten schlesischen Rezepten.
Neißstraße 13 | (0 35 81) 22 23 32 | Tgl. 10–18 Uhr

Café Oriental ▸ F3
Orientalische Mokka- und Teespezialitäten, Baklava, Joghurtgetränke, Shishabar (Wasserpfeifen).
Nikolaistraße 14 | (0 35 81) 42 80 76 | www.cafe-oriental.de | Di–So 15–22 Uhr, Fr/Sa bis 24 Uhr

Caféhaus Lucullus ▸ F3
Süße schlesische Leckereien, urgemütlich. Tische stehen auch im beeindruckenden Atrium mit Treppenhaus.
Peterstraße 4 | (0 35 81) 8 79 17 79 | Do–Di 10–18 Uhr

Jesus Bäckerei ▸ E3
Kaffee, Tee, große Kuchen- und Gebäckauswahl, Imbiss. Neben dem Laden steht ein historischer Bildstock, Station des Görlitzer Passionsweges Christi. Daher der Geschäftsname.
Nikolaigraben 2/3 | www.jesusbaeckerei.de

Innenstadt

Restaurant & Pension Obermühle ▸ G7
Schöne, große Sommerterrasse direkt an der Neiße, deutsche Küche. Eigene Hausbrauerei. Bootsverleih.
An der Obermühle 5 | (0 35 81) 87 98 32 | www.obermuehle-goerlitz.de | Tgl. ab 12 Uhr | €€

Zum Spundloch ▸ E4
Nettes Gasthaus mit regionaler Küche, sehr preiswert, kleine Terrasse.
Demianiplatz 52 | (0 35 81) 31 55 33 | €

Brasserie ▸ E5
Vielfältiges Angebot: vom Eisbecher übers Bauernfrühstück bis zur französischen Zwiebelsuppe.
Postplatz 14 | (0 35 81) 40 10 93 | www.brasserie-goerlitz.de | Mo–Fr ab 9, Sa/So ab 10 Uhr | €€

CAFÉS & FRÜHSTÜCK

Café am Dicken Turm ▸ E4
Bäckerei & Konditorei, Wiener Kaffeehausstil, kleine Hofterrasse.
Steinweg 12 | (0 35 81) 66 74 11 | Tgl. bis 18.30 Uhr, Frühstück Mo–Fr ab 6.30, Sa/So ab 7.30 Uhr

Schwerdtners Café Central ▸ E5/D5
Café auf zwei Etagen mit großem Kuchen- und Imbissangebot. In den Räumlichkeiten des legendären Café Fledermaus aus der Vorkriegszeit.
Berliner Straße 51 | (0 35 81) 6 49 07 24 | Mo–So 7–19 Uhr

Der Kaisertrutz aus der Vogelperspektive und im Hintergrund die Landeskrone

Einkaufen A – Z

In den kleinen, individuell gestalteten Lädchen und Boutiquen der Görlitzer Altstadt kommen Liebhaber von Mode und Wohnartikeln, von Antikem und Kunsthandwerk auf ihre Kosten. Als Mitbringsel aus der Region bekommt man hier auch Bunzlauer Keramikartikel, Schlesisches Porzellan und Lausitzer Glaswaren.

In der Innenstadt befinden sich die größeren Geschäfte und Ketten und dort vor allem in der Berliner Straße, der Haupteinkaufsmeile von Görlitz. Im schönsten Kaufhaus der Stadt, wenn nicht gar Deutschlands, kann man derzeit leider nicht einkaufen. Seit der Hertie-Pleite ist das Jugendstil-Kaufhaus (▸ Seite 109) am Marienplatz geschlossen. Aber 2015 wird es hoffentlich wiedereröffnet.

Die Öffnungszeiten der meisten Geschäfte in der Altstadt und in der Innenstadt sind von Montag bis Freitag ab 8 oder 9 Uhr bis 18 oder 19 Uhr. Samstags schließen die meisten Läden zwischen 14 und 16 Uhr.

ANTIQUITÄTEN

Antik Leonhardt ▸ E4
Porzellane, Gemälde, viel Jugendstil, Alt-Bunzlauer Keramikausstellung. Mit nettem Café im Hof (Mai–Sep. 14–18 Uhr).
Steinstraße 14 | Mo–Fr 10–12 und 13–18 Uhr, Sa 10–14 Uhr

via Tipp **Antik-Glanze** ▸ F3
Mit viel Liebe zum Detail eingerichteter Trödelladen. Antiquarische Bücher, interessanter Krimskrams, Puppen, Wohnaccessoires und vieles mehr. Ferienwohnung im Haus.
Im Hallenhaus Untermarkt 3 | (0 35 81) 41 17 89 | Mo–Fr 10–18, Sa 11–14 Uhr

BÜCHER

Buchhandlung Art Goreliz ▸ F3/F4
Wander- und Autokarten, Antiquariat, Architektur, Belletristik. Außerdem Internetzugang, Fotostudio, Holzschnitzwerkstatt.
Brüderstraße 3 | (0 35 81) 8 45 11 11 | www.art-goreliz.de | Tgl. 9–19 Uhr

Schlesische Schatztruhe ▸ F3
Bücher über die Region, Landkarten, Kalender, Videos und DVDs. Außerdem kulinarische Spezialitäten der Region, Bunzlauer Keramik etc.
Brüderstraße 13 | (0 35 81) 40 20 21 | www.schlesische-schatztruhe.de | Mo–Sa 11–17 Uhr

Comenius-Buchhandlung ▸ E4
Regionale Literatur, Belletristik, Kinderbücher.
Steinstraße 15 | (0 35 81) 40 51 92 | Mo–Fr 9–18.30 und Sa 9–13 Uhr

Thalia-Buchhandlung ▸ E5/D5
Die größte Buchhandlung der Stadt mit reichhaltigem Sortiment: Belletristik, Hörbücher, regionale Literatur.
Berliner Straße 58/59 | (0 35 81) 40 67 05 | Mo–Fr 9–18.30 und Sa 9–16 Uhr

Großes Angebot an Bunzlauer Keramik in der Schlesischen Schatztruhe

Funduskeller – das Görlitzer Antiquariat ▸ E5/6
Großartiger Bücherkeller in gründerzeitlichem Ambiente.
Jakobstraße 31 (am Wilhelmsplatz) | (01 70) 9 02 70 22 | Mi 15–18 und Sa 10–16 Uhr

FEINKOST & WEINE

Weinhaus Vins de Bourgogne ▸ F3
In den Höfen hinter dem Flüsterbogen.
Untermarkt 22 | (0 35 81) 41 02 60 | Mo 12–14.30 und 17–1 Uhr, Sa/So 13–1 Uhr

GESCHENKE & MITBRINGSEL

Art-Glas-Else ▸ F3
Böhmische Gläser, Jugendstilglas, Görlitzsouvenirs, wechselnde Ausstellungen.
Untermarkt 22 (am Flüsterbogen) | (0 35 81) 73 10 79 | www.art-glas-else.de | Mo–Sa 10–18, So 10–16 Uhr (Jan. und Feb. geschlossen)

Senfladen ▸ F3
Der schärfste Laden der Stadt mit großer Auswahl verschiedener Senfmühlen aus den Bundesländern, als Imbiss gibt es Thüringer Bratwurst.
Brüderstraße 5 | (0 35 81) 76 49 09 | www.senfladen-goerlitz.de | Mo–Sa 9–19, So 10–16 Uhr

Ambiente schöner wohnen ▸ E4
Wunderschöner Verkaufsraum, Kleinmöbel, Plauener Spitze, schmiedeeiserne Leuchter und viele andere Wohn-Accessoires.
Obermarkt 7/Ecke Steinstraße | (0 35 81) 41 37 08

KUNSTHANDWERK

Filigran ▶ F3/F4
Wunderschöne handgefertigte Unikat-Schmuckstücke, Uhren, Colliers, Broschen, Armbänder, christlicher Schmuck und vieles mehr. Schöner Laden mit Werkstatt im Herzen der Altstadt. Auch Basis für Mittelalter-Gruppen und Veranstaltungen.
Brüderstraße 10 | (0 35 81) 87 93 10 | www.filigran-goerlitz.de

Oberlausitzer Schau-Glashütte ▶ F3/F4
Glasblasen im Café, Schauvorführungen und Verkauf.
Schwarze Straße 6 | (0 35 81) 42 87 65 | www.glaskunst-lausitz.de. | Tgl. 10–18 Uhr

Porzellanmalerei Heidemarie Klinger ▶ F3
Edle Kostbarkeiten von Hand bemalt nach Meissner Schule. Mit Schauwerkstatt.
Neißstraße 18 | (0 35 81) 40 31 07 | Tgl. 11–18 Uhr

MODE & ACCESSOIRES

Skandinavia ▶ F3
Dänische Mode und Accessoires, Kleidung aus Naturtextilien.
Peterstr. 6 | (0 35 81) 40 12 07 | Mo–Mi 11–8, Do/Fr bis 19, Sa 10–15 Uhr

Modehaus Schwind's Erben GmbH ▶ E4
Görlitzer Traditions-Modehaus direkt am Dicken Turm. Damen und Herren-Bekleidung.
Steinstr. 9 | (0 35 81) 40 50 05 | www.modehaus-schwind.de | Mo–Fr 9.30–18.30, Sa 9.30–16 Uhr

BESONDERE EINKAUFSSTRASSEN

Straßburg-Passage ▶ E5
Feine Jugendstilpassage von 1908 mit zahlreichen Geschäften und Pubs (▶ Seite 111).
www.strassburg-passage.de

Berliner Straße ▶ D5/D6/E5
Haupteinkaufsstraße von Görlitz mit allen großen Ketten (▶ Seite 112).

LEBENSMITTEL & BIO

City-Shop Förster ▶ E4
Der einzige Supermarkt der Altstadt.
Steinstraße 1/Ecke Obermarkt | Mo–Fr 8–18.30 und Sa 8–12.30 Uhr

Bio Markt: Der grüne Laden ▶ E4
Klein aber fein: Das Angebot reicht von Obst und Gemüse über Milchprodukte und Antipasti bis zu Wein und Naturkosmetik.
Demianiplatz 34–35 | (0 35 81) 40 33 64 | www.bioingoerlitz.de

MÄRKTE

Wochenmarkt Elisabethstraße ▶ E4/F4
Großes Angebot an Gemüse, Obst, Fleisch und Backwaren. Blumen, Kleidung, Imbissbuden.
Mo–Sa 8–16 Uhr

KAUFHÄUSER & SHOPPING MALLS

City-Center ▶ E5/F5
Recht steriles Einkaufszentrum nahe Marienplatz. Modegeschäfte, Supermarkt.
An der Frauenkirche 12 | (0 35 81) 66 10 45 | Mo–Fr 9–19 und Sa 9–16 Uhr

Aktivitäten A – Z

In Sachen Abendunterhaltung ist das Angebot in Görlitz klein, aber fein. In der Altstadt sitzt man im Sommer bis spät in die Nacht draußen, einige gute Bars und Kneipen findet man auch in der Innenstadt.

Dort, nahe dem Bahnhof, befindet sich das größte Kino der Stadt, in dem die aktuellen Hollywoodstreifen laufen. Zwei kleine Off-Kinos hat Görlitz außerdem zu bieten. Das Stadttheater bietet neben klassischen Theateraufführungen auch Opern, Musical, Ballett und Philharmoniekonzerte. Neben diesen Unterhaltungsangeboten lohnt ein Blick in den bunten und recht beachtlichen Görlitzer Veranstaltungskalender (▶ Seite 24). **Tickets** für alle Events gibt es bei den beiden Touristen-Informationen (▶ Seite 32).

BARS

Salü – KochKunstKommunikation ▶ F3
Kneipe, Bar, Restaurant, mit Garten, sehr beliebt. Großes Angebot an guten Rumsorten.
Schwarze Straße 7 | (0 35 81) 41 24 10 | Mo–Sa ab 18 Uhr

Kings Pub ▶ E5/E6
Irische Kneipe, 50 Sorten schottischer Whisky, Cocktails, Weine, regelmäßig Live-Musik: Irish-Folk, Blues,

Im Sommer sitzt man bis spät in die Nacht draußen

Die Oberlausitzische Bibliothek der Wissenschaften

Rock, Bluegrass.
Hospitalstraße 37 | (0 35 81) 41 37 39 | www.kings-pub-goerlitz.de | Mo–Fr ab 18 und Sa ab 15 Uhr

CLUBS

Nostromo ▸ B4
Eventlocation. Partys in den Genres Electro, Wave, Hip-Hop, Reggae, Gothic, Industrial und Metal. Film- und Cocktail-Lounges. Performances. Drei Dancefloors.
Cottbusser Straße 21/Schlachthof | www.nostromo-goerlitz.de

Basta ▸ F3
Das östlichste Jugendkulturzentrum Deutschlands. Das Programm reicht von Disco- und Funkpartys, Konzerten, DJ-Veranstaltungen über Leseabende bis zu Workshops, meist Fr/Sa ab 20 Uhr.
Hotherstraße 25 | (0 35 81) 41 71 34 | www.basta-club.net

KINO

Filmpalast ▸ D6/E6
Das größte Kino der Stadt.
Jakobstraße 16 | (0 35 81) 40 52 88 | www.filmpalast-kino.de

Clubkino Camillo ▸ F3/G3
Anspruchsvolle Filmauswahl, winzige Kinokneipe mit deutscher Küche.
Handwerk 13 | (0 35 81) 66 19 20 | www.camillokino.de

Offkino Klappe die Zweite ▸ E4
Filme jenseits des Mainstreams. Mit Café-Bar.
Nonnenstraße 18/19| (0 35 81) 66 71 10 | www.klappe-die-zweite.com | Tgl. 15–24 Uhr

MUSEEN & GALERIEN

via Tipp **Kulturhistorisches Museum** ▶ F3

Die Ausstellungen sind in drei separaten Gebäuden zu sehen: im Barockhaus Neißstraße 30, im Kaisertrutz und im Reichenbacher Turm.

Sowohl der Kaisertrutz als auch das Gebäude Neißstraße 30 wurden für die 3. Sächsische Landesausstellung 2011 grundlegend restauriert und teilweise umgebaut. Danach gingen die Renovierungs- und Umbauarbeiten weiter, 2014 soll alles fertig sein.

Der **Kaisertrutz** mit der Dauerausstellung zur kulturgeschichtlichen Entwicklung von Stadt und Region aus 14 Jahrtausenden, wird im Zuge der Umbauarbeiten auf fünf Ebenen mit insgesamt 1 900 Quadratmetern erweitert, die bis 2014 nach und nach zugänglich gemacht werden. Auch die Meisterwerke aus der Gemäldesammlung des 20. und 21. Jahrhunderts wird man dann wieder bewundern können. Das vierflügelige Barockgebäude in der **Neißstraße 30** wird zukünftig zum reinen Museum. Die berühmten **Bücherbögen der wertvollen Oberlausitzischen Bibliothek** in der Neißstraße 30 sind nach ihrer Restaurierung für die Besucher nur noch durch eine Glastür zu sehen. Die Bibliothek gehört zu den ältesten und bedeutendsten Sachsens. Sie wurde 1807 in drei zusammengelegten Räumen aufgestellt, fünf grandiose Bogenregale werden hier zur Triumphstraße der Wissenschaft, zu einer klassizistischen Kulissenbibliothek mit rund 120 000 Bänden.

Die Ausstellung im **Reichenbacher Turm** (April–Okt.) zeigt Stadtgeschichtliches – Interessantes über Mauern, Tortürme und die Türmerei.

Neißstraße 30 | (0 35 81) 67 13 55 | www.museum-goerlitz.de | Di–So 10–17 Uhr | Barockhaus, Kaisertrutz 5 € / erm. 3,50 €, Reichenbacher Turm 3 € / erm. 2 €, Kombikarte 7 € / erm. 5 €, Kinder bis 16 Jahre frei. Jeden 1. So im Monat Eintritt frei.

via Tipp **Senckenberg Museum für Naturkunde** ▶ E4

Auf 1 200 m² Fläche informiert das Museum über die Schwerpunkte Geologie, Zoologie und Botanik. Die Geologie-Ausstellung behandelt die spannende Erdgeschichte der Oberlausitz. Die Regenwald- und Savannenausstellung zeigt präparierte Bewohner dieser Lebensräume wie den Orang-Utan, den Tiger oder die Riesenschlange. Besonderer Spielbereich für Kinder, in dem sie den Lebensraum des Regenwaldes kennenlernen.

Am Museum 1 | (0 35 81) 47 60 52 20 | www.senckenberg.de/goerlitz | Di–Fr 10–17, Sa/So 10–18 Uhr | Wissenschaftliche Spezialbibliothek Di und Do 9–17 Uhr | 3 € / Kinder (3–16 Jahre) 1 € / Familienkarten: 1 Erw. und 5 Kinder 3,50 € oder 2 Erw. und 5 Kinder 6 € / 1. So im Monat freier Eintritt

Museum der Fotografie ▶ C5

Hier wird die Entwicklung und Herstellung fotografischer Erzeugnisse in Görlitz dokumentiert. Eine Hommage an die traditionelle Fotoindustrie, die sich ab der zweiten Hälfte des 19. Jahrhunderts in der Stadt entwickelte. Zu sehen sind Zeugnisse dieser Epoche.

Löbauer Straße 7 | (0 35 81) 87 87 61 | Di–So

12–18 Uhr | www.fotomuseum-goerlitz.de | 2 € / Kinder 1,50 €

Schlesisches Museum ▸ F3
1 000 Jahre Kulturgeschichte: Die Traditionen Schlesiens werden als ein gemeinsames Erbe von Deutschen, Polen und Tschechen begriffen. Der thematische Rundgang führt informativ durch die historischen Stationen Schlesiens – ist aber auch ein interessanter Gang durch ein Prachtexemplar der Görlitzer Renaissancearchitektur, den Schönhof (▸ Seite 65).
Brüderstraße 8 | (0 35 81) 87 91-0 | www.schlesisches-museum.de. | Jan.–März Di–So 10–16 Uhr, Apr.–Dez. Di–So 10–17 Uhr | 5 € / 3 € / freier Eintritt für Kinder und Jugendliche unter 16 Jahren und an jedem 1. So im Monat

Spielzeugmuseum ▸ F2
Mehr als 4 000 Spielzeugexponate präsentiert das kleine, unscheinbare Museum in der Nikolaivorstadt. Die meisten stammen aus dem Erzgebirge, einige sind älter als 150 Jahre. Wie man im erzgebirgischen Örtchen Seiffen Holzspielzeuge herstellte, zeigt eine original eingerichtete Spielzeugmacherstube.
Rothenburger Straße 7 | (0 35 81) 40 58 70 | www.spielzeugmuseum-goerlitz.de | Mi–Fr 10–12 und 14–16 Uhr, Sa/So 14–17 Uhr

Stadtbibliothek ▸ C5/D5
Jochmannstraße 2/3 | (0 35 81) 7 67 27 30 | www.goerlitz.de/stadtbibliothek | Mo 14–19 Uhr, Di/Mi 10–18 Uhr, Fr 10–19 Uhr, Sa 9–12 Uhr, Do geschlossen

Brauereimuseum ▸ F9
In der ehemaligen Direktorenvilla.
Landskron Brauerei | An der Landskronbrauerei 116 | (0 35 81) 46 51 42 | Keine regelmäßigen Öffnungszeiten

Galerie Brüderstraße ▸ F3
Zeitgenössische Kunst in Malerei, Grafik, Plastik und Fotografie.
Brüderstraße 9 | (0 35 81) 67 24 10 | www.kultur-service-goerlitz.de | Mo–Fr 11–18, Sa 13–18 Uhr

SAUNA & WELLNESS

Neiße-Bad Görlitz ▸ C8/D8
Sportschwimmbecken, Wellnessbecken, Eltern-Kinder-Bereich.
Pomologische Gartenstraße 20 (nahe Bahnhof) | (0 35 81) 40 66 87 | www.neisse-bad-goerlitz.de. | Mo/Mi 10–22, Di/Do/Fr 8–22, Sa 18–22 und So 10–20 Uhr | Tageskarte 6,50 € / Kinder (4–16 Jahre) 4 €

SALIS Salzgrotte – Wellnessoase ▸ E6
In der Grotte aus reinem Meersalz herrscht gesundheitsförderndes Klima. Weitere Angebote sind Wärme- und Lichttherapie sowie eine Ganzkörper-Massageliege.
Hospitalstraße 4 | (0 35 81) 66 14 66 | www.salis-salzgrotte.com | Sep.–Apr. Mo–Fr 11–19, Sa. 11–17 Uhr, Mai–Aug. Mo–Fr 11–18, Sa 11–16 Uhr

SPORT & SPASS

Rosenhof
Sport- und Freizeitparadies: Fitness, Sauna, Tennis, Reiten, Badminton, Bowling.
Geschwister-Scholl-Straße 15 | (0 35 81) 74 82-0 | www.rosenhof-goerlitz.de

Naturschutz-Tierpark ▸ D8
Besucher werden umfassend über bedrohte Tierarten, Zuchtprogramme und Wiederansiedlungsprojekte informiert. Auf 5 ha Fläche leben rund 500 Tiere in 140 verschiedenen Arten. Die Anlage ist sehr kinderfreundlich gestaltet, das Magazin *Stern* wählte sie 2008 zum schönsten kleinen Tierpark Deutschlands.
Zittauer Straße 43 | (0 35 81) 40 74 00 | www.tierpark-goerlitz.de | März–Okt. 9–18, Nov. und Feb. 9–17, Dez. und Jan. 10–16 Uhr | 5,50 € / 3,50 € / Kleingruppe (1 Erw. und 2–3 Kinder) 10 € | Fütterungen: Fischotter 9.45 und 15 Uhr, Roter Panda 10 und 15.15 Uhr, Luchs tgl. außer Fr (Fastentag) um 14.30 Uhr
Tierparkrestaurant ***Zum gebratenen Storch***
Mo–Fr 11–22, Sa/So 9–23 Uhr

Scultetus-Sternwarte
Auf dem 3 000 m²-Gelände stehen zwei Beobachtungshäuser mit einfahrbaren Dächern. Das Planetarium mit seiner 8 m großen Kuppel zeigt einen naturgetreuen Sternenhimmel.
An der Sternwarte 1 | OT Biesnitz am Fuße der Landeskrone | (0 35 81) 7 82 22 | www.goerlitzer-sternfreunde.de | Fernrohrbeobachtungen: 3. Fr./1. Sa im Monat 19 Uhr und nach Vereinbarung | 4 € / Kinder 2 €

STADTFÜHRUNGEN

Stadtspaziergänge

Görlitz-Information ▸ E3/F3
Führungen durch die historische Altstadt.
Brüderstraße 1 | (0 35 81) 47 57-0 | www.goerlitz.de | März–Okt. 10.30 und 14 Uhr, Nov.–Feb. 10.30 Uhr

Blick auf den Marienplatz mit dem Dicken Turm

Das schön restaurierte Theater in Görlitz wird auch „Kleine Semperoper“ genannt

i-vent Stadtführungen ▸ E3/F3
Apr.–Okt. 10 / 10.30 / 12 / 14 und 17 Uhr, Nov.–März nur 10.30 und 14 Uhr | ca. 90 Minuten | 5 €

Sonderführungen
Nachtwächterführung am letzten Freitag des Monats um 22 Uhr, *Sagenspektaculum* mit Schreyhals & Spielmann am 1. Freitag des Monats.
Obermarkt 33/Ecke Brüderstraße | (0 35 81) 42 13 62 | www.goerlitz-tourismus.de

Scharfrichterführung
Informiert auf unterhaltsame Art über die Gerichtsbarkeit im Mittelalter.
(0 35 81) 767 83 31 | www.scharfrichter.europastadt.org | März–Okt. Fr zweiwöchentlich, ca. 80 Min.

Stadtrundfahrten

Stadtschleicher
90-minütige Busrundfahrt zu den Sehenswürdigkeiten der Stadt.
(0 35 81) 41 41 63 | www.stadtschleicher-blogspot.de | Tgl. 10.30 und 14 Uhr, im Sommer auch 16.15 Uhr, Jan.–März nur Sa/So 10.30, 12 und 14 Uhr | Ausgangspunkt: Dreifaltigkeitskirche am Obermarkt

Tagestouren Schlesien und Riesengebirge

Görlitz-Tourist ▸ E4
Demianiplatz 55 | (0 35 81) 76 47 47 | www.goerlitz-tourist.de

Schlesien Touristik Service ▸ F3
Neißstraße 27 | (0 35 81) 42 86 44 | www.schlesientouristik.de

Schlesische Schatztruhe ▸ F3
Brüderstraße 13 | (0 35 81) 40 20 21 | www.schlesien-heute.de

THEATER & KONZERT

Theater- und Konzertkarten

Görlitz-Information
▸ Seite 32

i-vent
▸ Seite 32

Theater

Gerhart-Hauptmann-Theater Görlitz ▸ E4
Das Programm reicht von Oper und Operette über Ballett, Musik- und Tanztheater bis hin zu Philharmonie-Konzerten. Das schön restaurierte Gebäude wird auch „Kleine Semperoper“ genannt. Weitere Spielstätten des Theaters sind das bereits 1909 gegründete Apollo in der Hospitalstraße 2 sowie der Hof der Landskronbrauerei.
Demianiplatz 2 | Kartentelefon (0 35 81) 47 47 47 | www.g-h-t.de | Theaterkasse Di–Fr 10–13 und 14–18, Sa 10–12.30 Uhr und 1 Std. vor Vorstellung

Zgorzelec A – Z

Obwohl die Europastadt Görlitz-Zgorzelec immer mehr zusammenwächst und die Grenze zwischen den zwei Ländern kaum noch spürbar ist, gibt es doch noch einige Unterschiede.

Allgemeine Informationen

Einreise nach Polen

Seit die Republik Polen Ende 2007 dem Schengener Abkommen beigetreten ist, entfallen die Personenkontrollen an den Grenzübergängen. Jetzt darf jeder Deutsche und jeder Pole die Grenze an beliebiger Stelle legal überqueren, durchaus auch schwimmend oder im Paddelboot.

Achtung Autofahrer: In Polen muss das ganze Jahr über **rund um die Uhr mit Abblendlicht** gefahren werden!

Busverbindung von Görlitz nach Zgorzelec: Linie P (Görlitz Bahnhof – Demianiplatz – Zgorzelec)

Geld

Das Zahlungsmittel in Polen ist der Złoty. Bargeld können Sie in den Banken und den Wechselstuben (kantor) wechseln. Geld abheben kann man außerdem an den blauen Geldautomaten (bankomat). Erkundigen Sie sich bei Ihrer Hausbank nach den anfallenden Gebühren. In den meisten Hotels, in vielen Restaurants und Geschäften werden Euro akzeptiert sowie die gängigen EC- und Kreditkarten.

Wegweiser in Zgorzelec – nach Görlitz ist es nur ein Hüpfer über die Neiße

Reisen in Polen

Bahn

Zgorzelec hat zwei Bahnhöfe (Dworzec PKP): Der Bahnhof Zgorzelec im Süden der Stadt liegt an der Bahnstrecke, die Görlitz über Zgorzelec mit Bolesławiec (Bunzlau), Legnica (Liegnitz) und Wrocław (Breslau) verbindet. Außerdem gibt es Verbindungen nach Lubań (Lauban), Jelenia Góra (Hirschberg) und nach Wałbrzych (Waldenburg).

Vom Bahnhof Miasto am nordöstlichen Rand der Stadt – an der breiten Straße Bohaterów ZWM – verkehren nur Züge nach Breslau.

Bus

Abfahrt: Am Busbahnhof (Dworzec PKS) neben der Kirche St. Bonifatius. Regelmäßige Verbindungen: stündlich nach Jelenia Góra (Hirschberg), nach Wrocław (Breslau), nach Poznań via Zielona Góra (Grünberg) und nach Kraków (Krakau).

Sicherheit

Vorurteile halten sich bekanntlich hartnäckig. So verwundert es vielleicht, dass Polen zu den europäischen Ländern mit der niedrigsten Kriminalitätsrate zählt. Besondere Vorsicht gilt aber, wie überall, auf Bahnhöfen, in Zügen und wo Gedränge herrscht. In allen touristischen Orten werden zahlreiche bewachte Parkplätze (parkingi strzeżone) angeboten, die man auch benutzen sollte.

Tanken

Bleifreies Benzin (Europlus und Eurosuper) gibt es an allen Tankstellen (stacja benzynowa). Die entsprechenden Zapfsäulen sind mit einem schräg durchgestrichenen PB gekennzeichnet, Diesel mit ON.

Telefonieren

Handys funktionieren flächendeckend in Polen und auch ins europäische Ausland. Günstig telefonieren Sie mit Telefonkarten, die Sie an den Kiosken bekommen. Nach Deutschland wählen Sie 0049 + Ortsvorwahl ohne Null + Teilnehmeranschluss, in die Schweiz 0041 …, nach Österreich 0043 … Beim Telefonieren nach Polen wählen Sie zunächst 0048.

Zoll

Waren für den privaten Gebrauch dürfen nur bis zu einer bestimmten Menge aus EU-Staaten nach Deutschland eingeführt werden. Erlaubt sind bei Zigaretten 300 Zigaretten/Person, bei Alkohol max. 10 l Spirituosen, 20 l Likörwein, 60 l Schaumwein, 90 l Wein und 110 l Bier und bei Benzin ein voller Tank plus 20 l im Reservekanister.

Infos unter www.zoll.de

Einkaufen

Wochenmarkt Mały Rynek ▸ I4/J4
Ecke ul. Romualda Traugutta/ul. Pułaskiego | Mo–Fr 9–17, Sa 9–12 Uhr

Essen & Trinken

Durchschnittspreis für ein Hauptgericht ohne Getränke in Zgorzelec:

€	bis 6 Euro
€€	6 bis 12 Euro
€€€	über 12 Euro

Piwnica Staromiejska (Dreiradenmühle) ▸ G2/G3
Gute polnische Küche im alten Mühlengebäude neben der Altstadtbrücke. Auch der Hollywoodstar und bekennende Görlitzfan Nicolas Cage hat hier schon gespeist. Tolle Sommerterrasse direkt am Neißeufer.
Ul. Wrocławska 1 | (00 48 75) 7 75 26-92 | Tgl. 12–22 Uhr | €€

Restauracja Miódmaliny ▸ G3
Am Neißeufer. Modern-elegantes Interieur unter mittelalterlichem Gewölbe. Hervorragende polnische Küche.
Ul. Daszyńskiego 17 | (00 48 75) 6 41 80 90 | www.miodmaliny.pl

Pizzeria Espresso ▸ G3
Gute italienische Küche, Sommerterrasse mit Neißeblick. Reservierung am Abend ratsam.
Ul. Daszyńskiego 10 | (00 48 75) 7 75 05 50 | Tgl. 11.30–22.30 Uhr | €€

Kawiarnia Przy Jakubie ▸ G3
Fleisch- und Fischgerichte, rustikale Einrichtung auf 2 Etagen, Neißeblick, kleine Sommerterrasse.
Ul. Daszyńskiego 11/1 | (00 48 75) 7 71 79 83 | Tgl. 12–22 Uhr | €

Restauracja Pizzeria & Hotelik Bella Maggio ▸ G3
Polnische & italienische Gerichte. Am Neißeufer, Sommerterrasse. Kleines Hotel, Zimmer mit Neißeblick.
Ul. Daszyńskiego 28 | (00 48 75) 640 81 80 | Tgl. 11.30–23 Uhr | €€

Übernachten

Apartamenty Nyskie ▸ G3
Alle Appartements mit Dusche, TV, Internet, nahe Altstadtbrücke und direkt an der Neiße.
Ul. Daszyńskiego 9 | (00 48 75) 5 32 45 81 17 | www.apartamentynyskie.eu | €-€€

Stellmacherhaus (Zagroda Kołodzeja)
Am Stadtrand. Hübsch restauriert, 8 wunderbar stilvolle Zimmer. W-LAN, Parkplatz. Gute polnische Küche im Restaurant (12–22 Uhr).
Al. Lipowe 1 | (00 48 75) 7 75 77 70 | www.zagrodakolodzieja.pl | €-€€

Hotel Burg Tzschocha (Zamek Czocha)
Mittelalterliche Ritterburg wie aus dem Bilderbuch. Rund 35 km südöstlich von Zgorzelec, oberhalb der Talsperre Marklissa mit Strand. Kinderfreundlich, W-LAN, Parkplatz, Restaurant mit polnischer Küche.
59-820 Leśna | (00 48 75) 7 21 15 53 | www.hotelewam.pl | €€-€€€

Übernachten auf der Ritterburg

Goldschmiede

Unterwegs in Görlitz

Unterwegs in Görlitz

Orientierung in Görlitz

Görlitz erstreckt sich westlich der Neiße etwa 7 Kilometer ins Landesinnere. Von Norden nach Süden dehnt es sich 19 Kilometer aus – vor allem wegen seiner fünf Ortsteile, die 1990 eingemeindet wurden und räumlich von der Stadt getrennt liegen.

Das Zentrum von Görlitz bilden die Altstadt und die Innen- oder Neustadt, die sieben weiteren Stadtteile liegen ringförmig um das Zentrum herum. Das Görlitzer Stadtzentrum ist recht überschaubar und lässt sich gut zu Fuß entdecken, nicht zuletzt, weil die Altstadt weitestgehend für den Autoverkehr gesperrt ist.

Altstadt

Die Görlitzer Altstadt grenzt direkt an die Neiße. Ihren Kern, auf einem Felsenplateau über dem Fluss gelegen, bildet der Untermarkt mit seinen prächtigen Bürgerhäusern und dem Rathaus. Nicht weit davon steht die berühmte Peterskirche. Die von Barockgebäuden gesäumte Neißstraße führt hinunter zur Altstadtbrücke, die Görlitz mit seiner polnischen Schwester **Zgorzelec** verbindet (▸ Spaziergang Seite 122). Der Obermarkt ist das Bindeglied zwischen Altstadt und der westlich gelegenen gründerzeitlichen Innenstadt (▸ Spaziergang Seite 102).

Innenstadt

Sie entstand im Zuge der Industrialisierung, als sich Görlitz auf der Suche nach Produktionsfläche und Wohnraum gen (Süd-)Westen ausdehnte. Gründerzeit- und Jugendstilbauten des späten 19. und beginnenden 20. Jahrhunderts prägen diesen Stadtteil bis heute. In der Innenstadt spielt sich auch das Geschäftsleben von Görlitz ab, die **Fußgängerzone** Berliner Straße ist die Haupteinkaufsmeile der Stadt und zieht sich vom Postplatz bis zum Bahnhof. Auch einer der beiden Eingänge der im Jugendstil gestalteten Straßburg-Passage befindet sich in der Berliner Straße.

Demianiplatz

Hauptverkehrsknotenpunkt von Straßenbahnen und Bussen ist der Demianiplatz in der Innenstadt. Der ausgedehnte Stadtpark mit der Görlitzer Stadthalle und dem Meridianstein zieht sich als grüne Lunge entlang der Neiße durch die südliche Innenstadt.

Nikolaivorstadt

Nördlich der Altstadt schließt sich die Nikolaivorstadt an, die Wiege der Stadt Görlitz (▸ Spaziergang Seite 92). Sehenswert sind hier vor allem die Nikolaikirche mit ihrem historischen Friedhof und das Heilige Grab. Südlich des Bahnhofs liegt die Südstadt (▸ Spaziergang Seite 116). Hier sind die aufwendigen Jugendstilvillen, der Eisenbahnviadukt über die Neiße und die Landskronbrauerei sehenswert.

Die Schwarze Straße führt zum Fischmarkt

Der Kern: Die historische Altstadt

▶ SPAZIERGANG

Start und Ende
Obermarkt

Route
Obermarkt | Brüderstraße | Untermarkt | Neißstraße | Altstadtbrücke | Peterskirche | Nikolaistraße | Peterstraße | Obermarkt

Dauer
3–4 Stunden

Bei einem Spaziergang durch die verwinkelten Gassen weiß man nicht, wohin zuerst schauen: Wunderschöne Gebäude aus der Zeit der Gotik, der Renaissance und des Barock reihen sich aneinander – alle authentisch und hübsch renoviert. Kein Wunder, dass Görlitz als größtes Flächendenkmal Deutschlands den Eintrag ins UNESCO-Weltkulturerbe anstrebt. Der beste Ausgangspunkt für einen Spaziergang durch die Görlitzer Altstadt ist der Georgsbrunnen am östlichen Rand des Obermarkts.

Brüderstraße

Der **Georgsbrunnen** 1 bildet den Eingang zur Brüderstraße. Der öffentliche Schöpf- und Zierbrunnen stammt ursprünglich aus dem Jahre 1590, 1674 wurde er barock verändert. Man glaubt es nicht recht: Diese Brunnenfigur soll den heiligen Georg darstellen? Sieht der schnurrbärtige Mann nicht eher aus wie der Ritter von der traurigen Gestalt, ein schlesischer Don Quichotte? Tatsächlich handelt es sich um den Görlitzer Georg, einen schmalbrüstigen Stadtknecht, dessen Lanze nicht auf den Drachen gerichtet, sondern mit einem Wimpelchen geschmückt ist. Und statt eines gefährlichen Drachens sitzt hinter Georgs Waden ein eher possierlicher böhmischer Löwe. Der heutige Brunnen ist eine Kopie, das stark vom Zahn der Zeit ramponierte Original steht im Durchgang des Barockhauses Neißstraße 30 (▶ Seite 76). Etwa dort, wo heute der Georgsbrunnen steht, befand sich die erste Stadtmauer mit einem um 1250 abgerissenen Stadttor.

Die **Brüderstraße** bekam ihren Namen von den Franziskanermönchen, die an der südöstlichen Ecke des Obermarktes, an der Dreifaltigkeitskirche (▶ Seite 87), ihr Kloster hatten. Vorwiegend Gebäude im Renaissance- und Barockstil, auch allesamt nach der Wende saniert, dominieren in der Brüderstraße. Das besonders prächtige Portal des **Bürgerhauses Nummer 11** ist ein Original aus dem Jahre 1547. Es wurde von Wendel Roskopf d. Ä gebaut, wie sein Steinmetzzeichen und sein Monogramm im Rundbogen über dem Portal belegen. Die Zentralhalle und der Renaissancesaal dieses Hallenhauses zählen zu den schönsten und besterhaltenen der Stadt.

Erfreulicherweise ist die Brüderstraße frei von den sterilen Geschäften und den bekannten Fast-Food-Ketten anderer deutscher Städte. Stattdessen gibt es hier Galerien, Cafés, kleine Schmuckgeschäfte, unabhängige Buchhandlungen und Antiquitätenläden.

Interessant sind auch die Gassen rechts und links der Brüderstraße. Einige besitzen die besonders für den schlesischen Raum charakteristischen Schwibbögen (waagerechte Bögen zwischen zwei Gebäuden). Die enge **Schwarze Straße** gehörte zu den ersten Gassen, die in der Altstadt nach der Wende rekonstruiert wurden. Die Gasse endet am baumbestandenen **Fischmarkt.** Das dreieckige Plätzchen bekam 1767 seinen Namen, nachdem der Heringsverkauf vom Untermarkt hierher verlegt wurde. Aber das ist auch längst wieder Geschichte. Richtig quirlig und

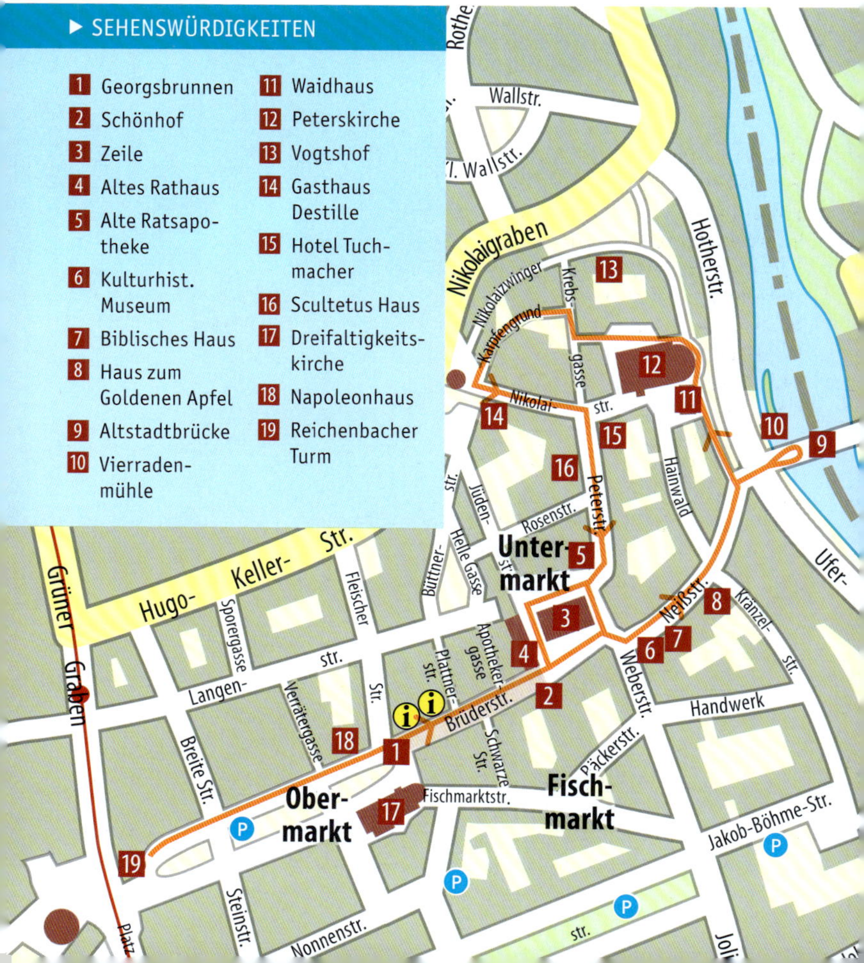

Romantisch: Brüderstraße bei Nacht

angenehm laut wird's hier jährlich im Mai, wenn die Jazzer am Fischmarkt ihre Instrumente auspacken (▶ Seite 24). Besonders auffällig ist das klassizistische Gebäude an der Ostseite des Platzes. Die einstige Mädchenschule von 1838 ist seit Mitte des 20. Jahrhunderts eine Musikschule.

PAUSE

Im **Senfladen** (▶ Seite 47) in der Brüderstraße 5 gibt es – neben einer riesigen Auswahl des aus China stammenden Gewürzes – auch eine gute Bratwurst. Als Imbiss im Stehen zu genießen. In der **Oberlausitzer Schau-Glashütte** (▶ Seite 48) mit der Hausnummer 6 kann man bei Kaffee und hausgemachtem Kuchen dem Meister beim Glasblasen zuschauen. Und die schönen Gläser auch gleich erwerben.

★ Schönhof mit Schlesischem Museum 2

Die Brüderstraße führt geradewegs auf den Schönhof zu. Dieses herrliche Gebäude – eines der vornehmsten der Stadt – steht schon an der Ecke zum Untermarkt. Es ist das älteste original erhaltene Renaissance-Bürgerhaus Deutschlands und stammt von 1526. Heute beherbergt es das Schlesische Museum.

Der Schönhof ist ein architektonisches Meisterwerk von Wendel Roskopf d. Ä. (1480–1549). Dieser Stararchitekt der Frührenaissance war ein Meisterschüler von Benedikt Ried, der als böhmischer Landesbaumeister die ersten Renaissancebauwerke auf der Prager Burg schuf. Nach dem verheerenden Görlitzer Stadtbrand von 1525 kam ihm auf Empfehlung Rieds die Aufgabe zu, weite Teile der Stadt neu zu gestalten. Seine Heirat mit der Enkelin des Görlitzer Bürgermeisters Emmerich könnte da auch nützlich gewesen sein. Jedenfalls gelang es Roskopf in 30 schaffensreichen Jahren, den damals in Deutschland noch jungen Kunststil der Renaissance in der Neißestadt durchzusetzen, und das mit einer erstaunlichen Großzügigkeit und Einheitlichkeit.

Der Schönhof ist ein **Hallenhaus** (▶ Seite 74). Diese typischen Görlitzer Gebäude wurden ursprünglich als Lager-, Verkaufs- und Wohnhäuser reicher Tuchhändler erbaut. Die Hallenhäuser sind in Deutschland einzigartig, nur in den heute in Polen liegenden Städten Hirschberg und Löwenberg existieren noch solche Patrizierhäuser.

Der Schönhof wurde aus drei Hauseinheiten zusammengesetzt – aus gotischen Gebäudeteilen – die nach dem Großbrand von 1525 erhalten blieben. Wendel Roskopf formte daraus meisterhaft einen noblen Stadtpalast im Renaissancestil, der aus Wohn- und Handelshaus, Brauhof und Herberge bestand.

Die kunstvolle, rotbraun getünchte Fassade ist beispielhaft für das Werk Roskopfs: Die Fenster reihen sich bandartig aneinander und sind durch aufwendig gestaltete Mauerstreifen voneinander getrennt. Ein Eckerker reicht über beide Obergeschosse. Den Giebel zum Untermarkt hat man 1995 nach alten Zeichnungen rekonstruiert. Das Portal stammt

Blick auf den Schönhof vom Rathaus aus

erst aus dem Jahre 1617, ebenso das Türmchen und das Gewölbe der Erdgeschosshalle. Das Gewölbe wird von einer einzigen freistehenden Säule getragen, einer sogenannten Atlassäule. Der schönste Raum des Hauses ist der **Renaissancesaal** im ersten Geschoss mit ionischen Säulen in den Fensternischen. Den und ein gutes Dutzend weiterer Räume des Schönhofs kann man beim Besuch des **Schlesischen Museums** besichtigen. Außerdem führt ein Rundgang thematisch durch die 1000-jährige Kulturgeschichte der Region. Die Traditionen Schlesiens werden dabei als ein gemeinsames Erbe von Deutschen, Polen und Tschechen begriffen. In keinem anderen Gebäude der Stadt sind zudem so viele historische Holzdecken erhalten wie im Schönhof. Sie stammen aus der Spätgotik und aus der Renaissancezeit.

Brüderstraße 8 | (0 35 81) 87 91-0 | www.schlesisches-museum.de | Di–So 10–17 Uhr | 4 € / 2,50 € / freier Eintritt für Kinder und Jugendliche unter 16 Jahren und an jedem 1. So im Monat

★ Untermarkt

Der Untermarkt bildet das Herz der Görlitzer Altstadt. Er ist der älteste Marktplatz der Stadt und besteht eigentlich aus zwei Teilen, die in der Mitte durch eine Häuserzeile voneinander getrennt sind. Vor der „Zeile" sticht der barocke **Neptunbrunnen** ins Auge. Er ist ein Werk von Johann Georg Mattausch aus dem Jahre 1756. Den bärtigen Meeresgott mit dem Dreizack nennt der Volksmund „Gabeljürgen".

Der Untermarkt entstand spätestens um das Jahr 1220. Hier kreuzten sich zwei wichtige europäische Handelsstraßen: Die Via Regia verlief in Ost-West-Richtung von Kiew bis ins nordspanische Santiago de Compostela, die Bernsteinstraße von der Ostsee nach Böhmen. Die derbe Beschaffenheit der Basaltsteine vom nahen Berg Landeskrone, mit denen der fast quadratische Platz gepflastert ist, könnte noch aus dieser frühen Zeit stammen. Jedenfalls darf das Pflaster vorab als Warnung dienen: Mit Stöckelabsätzen oder ähnlich zierlichem Schuhwerk sollte man den mittelalterlichen Boden von Görlitz besser nicht betreten!

Besonders der östliche und südliche Teil dieses herrlichen Platzes erscheinen noch heute echt mittelalterlich. Und so verwundert es nicht, dass sich berühmte Filmregisseure den Ort als historische Kulisse für altertümliche Szenarien ausgeguckt haben. So wurde in „Görliwood" für das Liebesdrama *Rosenemil* (1993) unter der Regie von Radu Gabrea gedreht, außerdem für die Verfilmung von Jules Vernes *In 80 Tagen um die*

Welt (2004). Die passende Kulisse bot der Untermarkt auch für *Der Vorleser* (2008) mit Kate Winslet, für Quentin Tarantinos *Inglourious Basterds* (2009), für Philipp Stölzls Film *Goethe* (2010) und für *Die Vermessung der Welt* (2011) von Detlev Buck.

Untermarkt – Zeile 3

Der Untermarkt ist nach schlesischem Vorbild seitlich mit Laubengängen versehen, das Rathaus steht allerdings nicht wie in Schlesien üblich in der Mitte. Dort erscheint zunächst der dicht zusammengewürfelte Häuserblock etwas merkwürdig. Er heißt seit dem 14. Jahrhundert „Zeile". Durch ihn führte – noch heute erkennbar – ein Durchgang in Ost-West-Richtung, als Zugang für die Marktläden: Auf der südlichen Seite der Zeile handelten die Krämer vor allem mit Gewürzen und Seiden, auf der nördlichen Seite standen die Heringsbuden, die Brot- und Schuhbänke. Die Zeile war also ursprünglich ein Markthaus.

Die Häuser der Zeile entstanden in verschiedenen Zeiten: Das Haus Nummer 10 besitzt eine einheitliche Renaissancefassade und entstand durch Zusammenlegung zweier gotischer Vorgängerbauten. Ebenso das Gebäude Nummer 11/12. Es stammt aus dem Jahre 1525.

Am östlichen Ende der Zeile steht das Gebäude der **Stadtwaage.** Hier wurden alle in der Stadt eintreffenden Waren registriert, gewogen und verzollt. Ehemals bestand es nur aus dem spätgotischen Erdgeschoss mit seinen vorgesetzten Säulen und Büs-

Der Untermarkt im Detail – mit Hausnummern

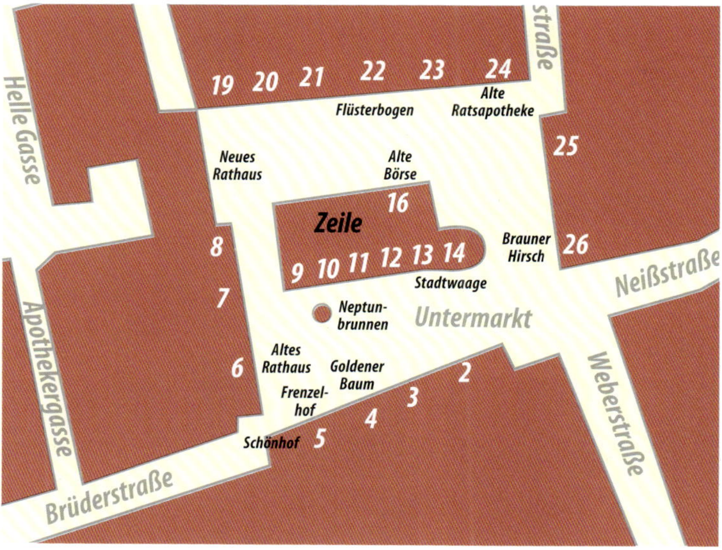

tenkonsolen, um das Jahr 1600 wurde im schlichten Renaissancestil aufgestockt. Unter den Büstenkonsolen sind einige Porträts erkennbar: der Planer des Hauses mit Zirkel, der Maurermeister mit Kelle, der Waagemeister mit einem Gewicht – und ein in Ketten gelegter Mann. Denn hier auf dem Marktplatz fanden bis ins späte Mittelalter die Exekutionen statt.

Untermarkt – Südseite

Die Südseite des Untermarkts – zwischen Weberstraße und Schönhof – ist von Arkadenhäusern gesäumt. Fast an der Ecke zur Weberstraße steht eines der ältesten Gebäude der Görlitzer Altstadt. Das Haus **Untermarkt 2** wurde nach dem Großbrand von 1525 wieder aufgebaut, dann im Renaissancestil. Die sich anschließenden, spätgotischen Spitzbogenarkaden, die **Langen Lauben,** verbinden die Häuser Untermarkt 3, 4 und 5. Diese Lauben sind typisch für Görlitz, hier wurde früher der Tuchhandel abgewickelt. Bei den Gebäuden handelt es sich um Hallenhäuser (▸ Seite 74), eine Mischung aus Wohn- und Handelshaus, Brauhof und Herberge für die reichen Görlitzer Tuchhändler. Die großen Portale erlaubten die Durchfahrt von Wägen mit Warenladungen.

Das Haus Untermarkt 4, der **Goldene Baum,** wurde Ende des 15. Jahr-

In der alten Ratsapotheke am Untermarkt ist heute das Ratscafé

hunderts zum Hallenhaus umgebaut und 1536 mit einer Renaissancefassade versehen. Wahrscheinlich ein Werk Wendel Roskopfs d. Ä. Es ist außerdem bekannt für seinen großen Lichthof.

Das Haus Untermarkt 5, heute ein Hotel, heißt nach seinem Besitzer auch **Frenzelhof,** es besitzt eine Spätbarockfassade von 1790. Das spätgotische Portal stammt aber schon aus dem Jahre 1500.

via Tipp **Antik-Glanze**

Zum Stöbern lädt der mit viel Liebe zum Detail eingerichtete Trödelladen **Antik-Glanze** im Hallenhaus Untermarkt 3 ein (▸ Seite 46).

Untermarkt Westseite – Altes Rathaus 4

An der Westseite des Untermarktes liegt das **Alte Rathaus.** Als Ensemble von fünf Gebäuden beherrscht es die gesamte Westfront. Der älteste Teil befindet sich an der Ecke zur Brüderstraße. Zwischen 1511 und 1516 bekam dieses Gebäude von dem Ratsbaumeister Albrecht Stieglitzer seinen charakteristischen 60 Meter hohen **Turm,** der bis heute zusammen mit den Türmen der Peterskirche und dem Reichenbacher Turm die Stadtsilhouette prägt. Nach seiner teilweisen Zerstörung durch Blitzschlag wurde er 1743 ba-

rock wiederaufgebaut. Er besitzt eine mit zwei Zifferblättern ausgestattete **Rathausuhr,** die der berühmte Görlitzer Astronom Bartholomäus Scultetus (▶ Seite 86) 1584 schuf. Die untere Stundenuhr besaß ab 1524 ein vierundzwanzigteiliges Zifferblatt, das Skultetus durch ein zwölfteiliges ersetzte. So hatte es sich mit der Einführung des Gregorianischen Kalenders eingebürgert. Der Kopf mit Helm in der Mitte des Zifferblattes stellt einen Wächter dar, der einen Brand verpennt haben soll und deshalb zur Strafe jede Minute seine Augen öffnen muss, während gleichzeitig seine Kinnlade herunterklappt. Das obere Zifferblatt gehört zu einer Mondphasenuhr. Der **goldene Löwe** im Spitzbogenfenster darüber verkündete früher durch sein Brüllen den Wechsel der Mondphasen, heute wird der Mechanismus per Knopfdruck aus dem Rathausturm zahlenden Touristen vorgeführt.

Ein Wahrzeichen der Stadt ist die geschwungene **Rathaustreppe** mit Verkündungskanzel, wiederum eine Arbeit des Renaissancemeisters Wendel Roskopf d. Ä. aus dem Jahre 1538. Die **Figur der Justitia,** römische Göttin der Gerechtigkeit und des Rechtswesens, steht auf einer reich verzierten Säule an der linken Treppenseite. Das Symbol der Justiz ist wie üblich als Jungfrau mit Waage und Richtschwert dargestellt – sorgfältig soll schließlich die Sachlage geklärt (Waage) und das Urteil mit der nötigen Härte durchgesetzt werden (Richtschwert). Auffällig ist jedoch, dass der Görlitzer Justitia die obligatorische Augenbinde fehlt, wonach das Recht ohne Ansehen der Person gesprochen wird. Tatsächlich wurde die Darstellung der Justitia mit Augenbinde erst nach 1520 üblich, diese Justitia stammt aber aus dem Jahre 1591. Vielleicht wollte man sie nicht dem beliebten mittelalterlichen Spott für die Blindheit der Justitia aussetzen, vielleicht hielten es die mächtigen und hochmütigen Görlitzer Ratsherren einfach nicht für nötig, sich dem neuen Zeitgeist unterzuordnen. Wir sehen hier jedenfalls eine (sehr gelungene) Kopie von 1951, das Original steht zusammen mit Originalteilen von Kanzel und Treppe im Inneren des Rathauses.

An der Turmwand oberhalb der Treppe hängt seit 1488 das berühmte **Wappenrelief des Matthias Corvinus** (1443–1490), König von Ungarn und Böhmen. Görlitz gehörte damals zum böhmischen Machtbereich und Corvinus' Liebe zur italienischen Renaissance trug wesentlich dazu bei, dass der neue Kunststil nördlich der Alpen heimisch werden konnte.

Der Ende des 19. Jahrhunderts notwendig gewordene Erweiterungsbau des Rathauses schließt die Westseite des Untermarktes ab. Dieses **Neue Rathaus** wurde 1903 nach Entwürfen von Jürgen Kröger fertiggestellt. Es ist ein beeindruckendes Gebäude im Stil der Neorenaissance. Die Fassade ist mit den **Wappen der Städte des Sechsstädtebundes** geschmückt, dem Schutzbündnis gegen den räuberischen Landadel von 1346 (▶ Seite 15): Das Wappen von Görlitz ist ganz oben am Giebel, die Wappen von Bautzen, Zittau, Kamenz, Löbau und Lauban sind unten auf der Höhe des ersten Geschosses.

Akustische Attraktion: Der Flüsterbogen am Untermarkt

Untermarkt 6–8 | Ratsarchiv: Urkunden, Chroniken, Verwaltungsakte aus mehr als 700 Jahren Stadtgeschichte | (0 35 81) 67 16 15 | Di 10–12 und 13–18 Uhr, Do 10–12 und 13–16 Uhr

via Tipp **Görlitz von oben**

Jede Stunde kann man den **Rathausturm** im Rahmen einer Führung besichtigen. Von dort oben hat man einen unvergleichbaren Blick auf die Görlitzer Altstadt.

Rathausturm mit Aussichtsplattform: (0 35 81) 7 67 83 50 | Mai–Dez. Mi–So 11–18 Uhr jeweils zur vollen Stunde | 4 € / Kinder 6–14 Jahre 1,50 €

PAUSE

Von der öffentlichen Kantine Emmerich's im **Rathaus** lässt sich der historische **Innenhof** aus dem 16. Jahrhundert besuchen. So lässt sich eine Besichtigung dieses interessanten Ortes prima mit einer Einkehr verbinden. Dort sitzt man im Sommer inmitten einer einmaligen Renaissancekulisse und blickt auf die Arkadenbögen des zweigeschossigen Archivflügels von Wendel Roskopf d. Ä. aus dem Jahre 1534.

Untermarkt – Nordseite

Das spätgotische Portal des **Hauses Nummer 22** stammt von 1500. Obwohl recht einfach gestaltet, ist es gewiss das berühmteste in Görlitz. Das liegt an seiner Kehlung, die eine ganz besondere akustische Eigenart besitzt: Der Lauscher auf der einen Seite des Bogens hört noch das leiseste Wort, das man ihm auf der anderen Seite in die umlaufende Kehle des Bogens flüstert. **Flüsterbogen** wird die mittelalterliche Telekommunikation daher genannt. Probieren Sie es doch selbst mal aus!

Das Portal des **Renaissancehauses Untermarkt 23** stammt von 1536 und wurde erst bei den Restaurierungsarbeiten im Jahre 2000 freigelegt. Beim Blick in die Höhe fällt vor allem der Giebel des Hauses ins Auge. Einen solchen Volutengiebel (seitlich verschnörkelter Giebel) oder auch andere Giebel besaßen ursprünglich alle Häuser des Untermarktes. Sie verschwanden im Laufe der Jahrhunderte durch Umbauten und durch die großen Stadtbrände.

Gegenüber des Renaissancehauses, am Untermarkt 16, hatte die **Alte Börse** ihren Sitz. Das Gebäude ist Teil der Zeile und wurde 1714 fertiggestellt. Heute beherbergt es das elegante Hotel Börse. Man betritt es durch das prächtige Barockportal von Caspar Georg von Rodewitz. Auf der Portalkartusche ist zu lesen, dass 1784 in dieses Haus die erste öffentliche Bibliothek und das erste Museum der Stadt einzogen.

Das Haus Nummer 24 an der Ecke Peterstraße, das ehemals die **Ratsapotheke** 5 und heute das pittoreske Ratscafé beherbergt, hat ein besonders sehenswertes Renaissanceportal. Es ist wahrscheinlich das schönste der Stadt. Manche meinen, es sei sogar das schönste in ganz Schlesien. Es gehört zum Bürgerhaus der ehemaligen Apotheke und wurde erst 1999 wieder freigelegt. Dabei entdeckte man stellenweise sogar die originale Renaissancefarbigkeit. So konnte das Portal auch wieder authentisch bemalt werden.

Der Untermarkt mit der Zeile vom Rathausturm aus betrachtet

Das Haus selbst entstand gegen 1550 aus dem Umbau des gotischen Vorgängergebäudes. Die beiden **Sonnenuhren** (1550) an der südlichen Fassade stammen von Zacharias Scultetus, dem Bruder des berühmten mittelalterlichen Kartographen und Görlitzer Bürgermeisters Bartholomäus Scultetus (▶ Seite 86). Die linke Uhr zeigt mit ihren vielen überkreuzenden Linien verschiedene Arten von Stunden an, etwa die antiken Stunden der italienischen Uhr. Die rechte Uhr zeigt die Planetenstunden an. Zu sehen sind Sternbilder von fünf Planeten plus Sonne.

PAUSE

Im Erdgeschoss der ehemaligen Ratsapotheke lädt heute das **Ratscafé** (▶ Seite 43) zum Verweilen ein. Seine Spezialität sind Nusstörtchen aus der eigenen Backstube. Sie sind, so liest man in der Karte, eine Erfindung des Hofkonditors der preußischen Königin Luise. Folgerichtig gibt es hier auch ein Königin-Luise-Gedeck. Besonders schön sitzt man auf der Sommerterrasse, mit wunderbarem Blick auf den Untermarkt.

Untermarkt – Ostseite

Sehr markant am östlichen Untermarkt sind die Spitzbogenarkaden des **Renaissancegebäudes Nummer 25,** die auf eine ältere, eine gotische Bebauung schließen lassen. Interessant ist auch das Hauptportal unter dem mit Kreuzrippen gewölbten Laubengang. Die Renaissancefassade ist erst auf das Jahr 1730 datiert und dem benachbarten **Barockbau Nummer 26** angepasst. Er stammt von 1486 und ist damit wohl das älteste Görlitzer Bürgerhaus. Früher beherbergte es den legendären **Gasthof Brauner Hirsch,** hier traf sich im 18. Jahrhundert die geistige Elite der Stadt. Auch Goethe war schon im Braunen Hirschen. Hier sollen außerdem erste öffentliche Konzerte stattgefunden haben – ein früher Bohème-Club mit Live-Musik also. Ab 1812 diente das Eckgebäude als hochnoble Unterkunft. Hier nächtigten unter anderem die preußischen Könige Friedrich Wilhelm III. und IV., Kaiser Wilhelm I. und die Zaren Nikolaus und Alexander. Zur gleichen Zeit befand sich im Untergeschoss eine einfache Bierstube. Heute steht man leider vor verschlossenen Türen. Das alte Hauszeichen mit dem braunen Hirsch samt angehängtem goldenen Bierkrug prangt jedoch seit eh und je an der Hausfassadenecke. Für den 2015 mit mehreren Oscars prämierten Film *Grand Budapest Hotel* diente der Braune Hirsch als Kulisse.

Barockes Eingangsportal des Hotels Börse am Untermarkt

Die Görlitzer Hallenhäuser: Meisterwerke der Zweckmäßigkeit

„Kaufmannsburgen“ nannte Johann Wolfgang von Goethe die vornehmen Patrizierhäuser, als er 1790 auf seiner Reise nach Schlesien in Görlitz Halt machte. Der Name ist treffend gewählt, schließlich befriedigten diese Gebäude ab 1500 gleich zwei Bedürfnisse: den gewachsenen kulturellen Anspruch, also das Protzbedürfnis der neureichen Görlitzer Tuchhändler und die ganz handfeste, wirtschaftliche Notwendigkeit ihres Berufsstandes.

Durch Zusammenlegung mehrerer älterer Häuser entstand ein ganz eigenständiger Haustyp, geprägt von spätgotischen und Renaissance-Elementen. Diese Hallenhäuser waren als **Durchfahrtshäuser** angelegt: Sie besaßen große Portale, die problemlos zur Einfahrt von Wagen mit Warenladungen geeignet waren. Die tonnengewölbten Durchfahrten erlaubten es, die Waren direkt bis in die Höfe zu transportieren.

Die meist eineinhalb Geschoss hohe **Eingangshalle** war gleichzeitig der Empfangsbereich. Sie erstreckte sich über die gesamte Hausbreite und war nach oben durch ein Gewölbe abgeschlossen. Hier fanden die Warenpräsentation und der Verkauf statt. Gewiss diente sie auch als Schankraum, denn die betuchten Patrizier waren brauberechtigt. Der **Braukeller** lag in den bis zu drei Etagen tiefen Kelleranlagen.

Von der Eingangshalle gelangte man über Treppen in die Obergeschosse. Im Zwischengeschoss begann in der Regel die **Zentralhalle,** die bis ins Dachgeschoss reichte. Von ihren Balustraden und Galerien konnten die edlen Stoff- und Tuchballen bis ins Erdgeschoss ausgerollt werden.

Im ersten Obergeschoss befand sich das Herzstück des Hallenhauses, der **Renaissancesaal,** oft mit reich bemalten Balkendecken und prunkvoller Ausstattung. Die eigentlichen Wohnräume der Kaufmannsfamilien lagen im zweiten Stockwerk.

Ein weiterer typischer Bestandteil des Hallenhauses ist die **Schatzkammer,** die manchmal gleichzeitig als Hauskapelle diente. Hier lagerten besonders wertvolle Waren.

Heute sind in Görlitz noch 35 Hallenhäuser erhalten. Sie wurden nach der Wende gesichert und teilweise rekonstruiert, da man sie im 19. Jahrhundert oft zu Mietshäusern umgebaut hatte. Die bedeutendsten Hallenhäuser stehen am Untermarkt, in der Peterstraße 3, 4, 7, 8 und 14, in der Brüderstraße 4, 8 (Schönhof ▸ Seite 65), 9 und 11, in der Neißstraße 20, 26 und 29 (Biblisches Haus ▸ Seite 78).

Berühmtestes Hallenhaus: der Schönhof (▸ Seite 65)

Barockhaus mit Kulturhistorischem Museum 6

Gleich an der Ecke Neißstraße/Untermarkt steht eines der herrschaftlichsten Gebäude der Stadt. In dem Barockhaus mit der Nummer 30 ist heute das Kulturhistorische Museum zu Hause. Bei dem Gebäude handelt es sich um eine dreigeschossige, palaisartige Vierflügelanlage, die als Wohn- und Handelshaus 1727 bis 1729 gebaut wurde. Bauherr war der steinreiche Leinwand- und Damastkaufmann Christian Ameiß, Architekt der Görlitzer Ratsbaumeister Samuel Suckert. Es handelt sich – und das ist ein Kuriosum in Görlitz – um ein sogenanntes **Durchhaus** nach Leipziger Vorbild. Es besitzt zwei Höfe und zwei Tore zur Durchfahrt. Der hintere Teil des Grundstückes diente vorwiegend den wirtschaftlichen Bedürfnissen, hier gab es zum Beispiel Pferdeställe und Parkplätze für den Fuhrpark. Der vordere Teil zur Neißstraße hin war fast nur repräsentativer Natur, hier lagen neben den Wohnräumen auch die Geschäfts- und Gasträume. Dementsprechend vornehm ist die Fassade gestaltet. Auffallend ist besonders das Portal mit den zwei weiblichen Giebelfiguren – Sinnbilder der Naturwissenschaft und der Schönen Künste – und der reich ornamentierte Zierrahmen in der Mitte. Er enthält die Inschrift: I.U.MUSEUM S.L.L.S. – *In uno Museum*

Die Neißstraße ist die schönste Straße in Görlitz

Societatis Litterarum Lusatiae Superioris: Das ganze Haus möge eine Stätte für gelehrte Studien der Oberlausitzischen Gesellschaft der Wissenschaften sein. Der Zierrahmen stammt von 1807. Denn ab diesem Jahr war das Gebäude Sitz der wissenschaftlichen Gesellschaft. Im Jahre 1951 zogen dann die Städtischen Kunstsammlungen ein, aus denen das Kulturhistorische Museum hervorging.

via Tipp **Kulturhistorisches Museum** Ausstellungen in drei separaten Gebäuden. Dazu gehören auch die berühmten Bücherbögen der wertvollen Oberlausitzischen Bibliothek in der Neißstraße 30 (▶ Seite 51).

★ Neißstraße

Die Neißstraße führt mit leichter Krümmung vom Untermarkt ziemlich steil hinunter zur Neiße und zur Altstadtbrücke (▶ Seite 79). Sie ist schmal, fast wie eine Gasse, und wunderschön – die schönste Straße von Görlitz überhaupt. Hier, wo früher die Via Regia, die alte Hauptverkehrsader des Ost-West-Handels verlief, reiht sich eine feine Barockfassade an die andere. Aber auch ein Wirtshaus an das nächste, mehrere davon mit gemütlichen Schankräumen tief unten in den gotischen, zum Teil sogar noch romanischen Kellergewölben – eindeutig die Kneipenmeile der Stadt. Diese mehrgeschossigen Kelleran-

Relief am Biblischen Haus

lagen und die Fundamente waren so ziemlich das Einzige, was von dieser Straße nach der Feuersbrunst von 1726 übrig blieb. Danach wurde im Barockstil wiederaufgebaut. Kaum zu glauben, dass diese architektonischen Kleinode vor der Wende völlig heruntergekommen waren, einige standen gar kurz vor dem Einsturz.

Das **Biblische Haus** (Nummer 29) 7 ist das einzige Renaissancegebäude der Neißstraße und stammt aus dem Jahre 1570. Es zählt zu den bedeutendsten Bürgerhäusern dieses Stils in Deutschland. Die figurenreichen und sehr filigran gestalteten Reliefs unterhalb der Fenster des ersten und zweiten Obergeschosses – wahrscheinlich eine Arbeit der Bildhauerfamilie Kramer – gaben dem Haus seinen Namen: Sie stellen biblische Motive dar. In der oberen Reihe zeigen die Reliefs aus schlesischem Sandstein Szenen aus dem Leben Jesu: Marias Verkündigung, Geburt Jesu, Jesu Taufe, Heiliges Abendmahl, Jesu Kreuzigung. Unten Szenen aus dem Alten Testament: Erschaffung Evas, Sündenfall, Opferung Isaaks, Moses' Empfang der Zehn Gebote und Moses' Schlangenerhöhung. Bemerkenswert ist auch das durch Säulen flankierte Portal mit flachen Reliefarabesken und großem Gaffkopf als Schlussstein am Portalbogen. Zur Zeit des Realen Sozialismus überputzte man kostengünstig die sehr anfälligen Sandsteinkunstwerke – und schützte sie so immerhin vor ihrem Verfall. Erst im Jahre 2000 wurden sie wieder freigelegt und restauriert. Drinnen sind alle wesentlichen Formen des Görlitzer Hallenhauses (▸ Seite 74) par excellence zu sehen.

Das Gebäude **Neißstraße 27** diente bereits 1225 als Brauhof. Erst 1937 hat man ihn stillgelegt. Sein heutiges Aussehen bekam das Haus 1728. Angenehm rustikal eingerichtet ist hier das **Restaurant Bürgerstübl,** das älteste Gasthaus der Stadt. Auch bei den benachbarten Barockhäusern Nummer 22, Nummer 20 und Nummer 19 handelt es sich um **historische Brauhöfe.** Besonders auffällig ist die Fassade des Gebäudes **Nummer 20.** Sie ist über beide Obergeschosse vollständig mit symmetrisch angeordnetem **Akanthuslaub** bemalt.

Das Haus Nummer 24 von 1727, das sogenannte **Haus zum Goldenen Apfel** 8, hat wiederum ein interessantes Portal, über dem die drei griechischen Göttinnen Hera (links), Athena und Aphrodite (rechts) thronen. Sie spielen in Homers *Ilias* eine wenig schmeichelhafte Rolle. Denn der trojanische Königssohn Paris sollte die Eifersüchteleien dieser drei Weibsbilder schlichten, indem er eine von ihnen als die Schönste kürt. Krieg war die Folge. Dass die einstigen Hausbesitzer nicht nur mythologisch höchst gebildet, sondern wohl auch hochfromm waren, zeigt der Haussegen gleich unterhalb der Göttinnen: „Von Jesus behütet" steht da am Portalbogen zu lesen.

PAUSE

Acanthus (▶ Seite 41) nennt sich die Gaststätte in der Neißstraße 20 auch passend zur Bemalung ihrer Behausung. Drinnen sitzt man im Kellergewölbe, draußen im Biergarten mit schönem Blick auf die Neiße und rüber nach Zgorzelec.

Im Erdgeschoss des Hauses Zum Goldenen Apfel (Neißstraße 24) lockt die Einkehr ins **Caffè Kränzel** (▶ Seite 44). Die Espressobar gehört gewiss zum Besten, was Görlitz in Sachen Kaffee zu bieten hat. Dazu gibt es Kuchen und Snacks. Ganz zauberhaft sitzt man im lauschigen, begrünten Hinterhof.

Eine mehrgeschossige Kelleranlage besitzt die Gaststätte **Zur Schwarzen Kunst** im Haus Nummer 22. Hier ist zudem eine kleine Ausstellung mit Werkzeugen der Buchdrucker- und Buchbinderkunst zu sehen. *(0 35 81) 41 81 25 | www.zurschwarzen-kunst.de | Di–So ab 18 Uhr*

★ Altstadtbrücke 9

Die Neißstraße führt hinunter zur Neiße und zur Altstadtbrücke. Von dort hat man einen fabelhaften Blick auf die mittlerweile bunt getünchten Häuser am östlichen Neißeufer von Zgorzelec, ebenso auf den Burgberg mit der wuchtig darauf thronenden Peterskirche (▶ Seite 81). Die 82 Meter lange Brücke, erst im Jahre 2004 für Fußgänger und Radfahrer gebaut, führt über die Lausitzer Neiße zur Görlitzer Schwesterstadt **Zgorzelec** (▶ Spaziergang Seite 122). Die Vorgängerbrücke wurde fast sechzig Jahre zuvor, am 7. Mai 1945, durch die SS gesprengt. Erstmals fand eine Neißebrücke an dieser Stelle im Jahre 1298 Erwähnung. Der Übergang war bis 1907 pur aus Holz und musste daher naturgemäß sowie nach Feuersbrünsten und Kriegseinwirkungen häufig umgestaltet und erneuert werden. Danach verband knapp vierzig Jahre eine moderne Steinbrücke mit Stahlbögen die Neißeufer und die beiden Stadtteile von Görlitz. Die neue Brücke über die Neiße, in deren Mitte die deutsch-polnische Grenze verläuft, gilt heute als ein Symbol für die Überwindung der Jahrzehnte andauernden Teilung Europas.

Unmittelbar neben der Altstadtbrücke liegt auf deutscher Seite das östlichste Gasthaus Deutschlands. Die große Terrasse der **Vierradenmühle** 10 ragt weit in die Neiße hinein.

PAUSE

Galerie 13 (▶ Seite 44) nennt sich das freundliche Café, das an dem breiten, gepflasterten Aufstieg zur Peterskirche liegt. Kultur und Genuss in einem bieten die Betreiber, ein nach Görlitz zugezogenes Paar. Wechselnde Ausstellungen regionaler und internationaler Künstler, dazu leckeren selbst gebackenen Kuchen nach alten schlesischen Rezepten. Draußen vor der Tür stehen in der wärmeren Jahreszeit Bänke mit Neißeblick.

Waidhaus 11

Schräg gegenüber der Altstadtbrücke führt ein breiter, grob gepflasterter Weg hinauf auf das weite Felsplateau. Hier wurde im frühen 12. Jahrhundert auf Geheiß des böhmischen Königs eine Burg namens Yzcorelik gebaut, auf die die Stadt Görlitz zurückgeht (▶ Seite 14). Aus dieser Zeit ist heute nur noch das blaubemalte **Waid- oder Renthaus** geblieben. Es diente ursprünglich als freier Wirtschaftshof der böhmischen Burg und ist damit der älteste Profanbau von Görlitz, gewissermaßen die Keimzelle der Stadt.

Im Erdgeschoss wurden 1908 fünfzig mit Rötel aufgetragene Steinmetzzeichen aus dem 15. Jahrhundert entdeckt. Sie lassen vermuten, dass das Haus zeitweilig als Unterkunft der Steinmetze diente, die am Bau der Peterskirche beteiligt waren. Fast 100 Jahre, bis 1529, wurde

Tuchmacherei & Färbetradition

Die **Waidpflanze** wurde bis ins 18. Jahrhundert hinein zum Färben von Leinen verwendet. Waid diente aber schon vor 4 000 Jahren im alten Ägypten zum Färben der Mumienbänder. Die ölhaltige Pflanze blüht gelb, ihre Färbewirkung ist jedoch blau. Der **Färberwaid** (Isatis tinctoria) wurde zwischen dem 13. und 17. Jahrhundert in Thüringen angebaut. Wie keine andere Kulturpflanze prägte er damit das wirtschaftliche Leben von Görlitz und der Region. Denn Waid ist eng verbunden mit der rasanten spätmittelalterlichen Entwicklung der Görlitzer Tuchmacherei, die den Reichtum der Stadt begründete.

Da die Färbewirkung von Waid erst unter der Einwirkung von Luft entsteht, verlief der **Färbeprozess** in zwei Schritten: Am Sonntag blieb das Färbegut den ganzen Tag in einem Holzbottich (Küpe), am Montag wurde „blaugemacht" – die gefärbten Stoffe aufgehängt und den Tag hängen gelassen. Im 18. Jahrhundert wurde Waid dann durch die billigeren Indigoimporte verdrängt.

das Haus als Schule genutzt, danach als Stapelhaus für die begehrte Tuchfärbepflanze Waid. Zu diesem Zweck vergrößerte man das Haus; es wurde zum imposanten, vierstöckigen und etwas klotzigen Waidhaus, wie wir es heute sehen.

Den Namen Renthaus bekam das Gebäude 1728, als man das königliche Zinsgetreide vorübergehend hier einlagerte – die Görlitzer Stadtdörfer mussten damals dem Landvogt Getreide als Steuer (Rente) abliefern. Heute befinden sich in dem liebevoll restaurierten Haus Schulungsräume und Werkstätten des Fortbildungszentrums für Handwerk und Denkmalspflege. Im kleinen Hausgarten nebenan blühen zwischen Mai und Juli gelb wie Raps die Dolden der Waidpflanze und erinnern an die ursprüngliche Nutzung des Hauses.

★ Peterskirche 12

Gleich neben dem Waidhaus ragt die Kirche St. Peter und Paul, kurz Peterskirche genannt, in die Höhe. Sie ist die älteste und größte Hallenkirche Sachsens und berühmtestes Wahrzeichen der Stadt Görlitz. Ihre markanten Türme prägen bis heute die Stadtsilhouette. Im Inneren der Peterskirche finden sich bedeutende Kirchenschätze, etwa die berühmte Sonnenorgel von 1703.

An der Stelle, an der sich die Peterskirche heute in die Höhe reckt, befand sich im 11. Jahrhundert eine Burgkirche, die im frühen 13. Jahrhundert einer Pfeilerbasilika wich. Von diesem Gotteshaus blieben nur einige romanische Säulenfenster an den beiden Achtecktürmen und das wunderschöne Westportal erhalten.

Im Jahre 1372 wurde die Peterskirche zur alleinigen Hauptkirche der Stadt, die ältere Nikolaikirche (▸ Seite 97) sank zur Filialkirche. Mit der wirtschaftlichen Blütezeit des Bürgertums erfolgte der Umbau der Peterskirche im gotischen Stil – so wie wir sie heuten sehen.

Im Jahre 1691 fiel fast die gesamte spätgotische Innenausstattung einem Brand zum Opfer. Erhalten blieb nur das schmiedeeiserne Renaissancegitter der Taufkapelle von 1617 in der nordwestlichen Ecke des Kirchenraumes. Nach dem Brand wurde die Kirche mit barockem Inventar ausgestattet.

Den Zweiten Weltkrieg überstand die Peterskirche nahezu unbeschadet. Nur die Farbglasfenster zerbarsten bei der Sprengung der Altstadtbrücke durch die Wehrmacht. Erhalten blieb jedoch das Fenster an der nördlichen Kirchenwand, die Dar-

Steckbrief: Peterskirche

Erbaut: frühes 13. Jahrhundert
Baustil/-epoche: dreischiffige Pfeilerbasilika / Spätromanik
Umbau: 1423 zur fünfschiffigen gotischen Stufenhallenkirche
Maße nach Umbau: Mittelschiff 27 m, innere Seitenschiffe 25 m, äußere Seitenschiffe 20 m, 2 Türme
Turmhöhe: 84 m
Baujahr Türme: 1889–1891
Weihe: 1497 nach 74-jähriger Bauzeit
Restaurierung: 1978–1992

stellung des **Zwölfjährigen Jesus im Tempel** von 1893.

Im Inneren der Peterskirche findet sich eine Vielzahl sehenswerter Kostbarkeiten, allen voran die berühmte **Sonnenorgel** an der Westwand. Gebaut wurde sie 1703 von dem aus der Lausitz stammenden Orgelbaumeister Eugen Kaspar, später in Italien sesshaft und bekannt als Eugenio Casparini. Der Orgelprospekt mit den 18 Sonnengesichtern, um die die Pfeifen strahlenförmig angeordnet sind, stammt von Johann Conrad Büchau. Im Jahre 1979 musste das Orgelwerk wegen Verschleißes endgültig aufgegeben werden. 2006 wurde eine durch Spenden finanzierte neue Orgel fertiggestellt, die der alten Casparini-Orgel sehr nahe kommt. Insgesamt verfügt die Orgel über 88 Register mit 6 095 Pfeifen. Barocke Spielzüge wie Vogelstimmen von Kuckuck und Nachtigall verzaubern die Zuhörer in den mittäglichen Konzerten.

Gegenüber der Orgel fällt der prächtige und marmorierte **Hochaltar** mit dem Bild der Auferstehung Christi ins Auge. Er stammt von 1695, ebenso wie das Ratsgestühl. Die vergoldete **Sandsteinkanzel** von 1693 in der Mitte des Raumes wird von einer Engelsfigur getragen und zeigt oben die vier Evangelisten. Drei in reichem Barock gehaltene **evangelische Beichtstühle** stehen am Rand des nördlichen Seitenschiffs. Ihr protestantischer Charakter zeigt sich im offenen Durchblick von allen Seiten – evangelische Privatbeichte statt katholischer Ohrenbeichte. Denn Luther lehnte nicht die Beichte an sich ab, sondern die katholische Praxis, die Beichte vor einem Geistlichen.

Etwas versteckt liegt die sogenannte **Tetzelkammer** in der südwestlichen Ecke des Gotteshauses. Der berüchtigte Ablasshändler und Dominikanermönch Johann Tetzel soll hier seine „Butterbriefe" 1509 feilgeboten haben. Die Erträge bewahrte er in der Tetzelkiste auf, die noch heute hier steht. Die eingesammelten Gelder der christlichen Büßer wurden nach Rom gebracht und dienten dem Bau des Petersdomes. Einige Dukaten zweigte Tetzel aber auch ab für die Bedachung der Görlitzer Peterskirche, heißt es.

Draußen am östlichen Teil des Kirchengebäudes, gegenüber dem Waidhaus, befindet sich der Zugang zur **Kapelle des heiligen St. Georg.** Diese Unterkirche oder Krypta liegt unter dem Chor und wurde 1457 im Rahmen des Umbaus der Peterskirche geschaffen. Mit ihrem Stern- und Netzgewölbe gilt sie als eine der schönsten spätgotischen Sakralräume in der Oberlausitz. In der Krypta befindet sich auch ein besonders sehenswertes Wandfresko. *Christus und die 12 Apostel* stammt aus dem frühen 16. Jahrhundert und wurde erst vor wenigen Jahren aufgedeckt. Die Krypta ist nur im Rahmen einer Führung zu besichtigen.

Kurioses am Kirchengemäuer: Wenige Schritte rechts vom Zugang zur Krypta hängt ganz oben direkt unter dem Kupfer gedeckten Hochdach der Kirche ein in Stein gehauenes Mannsbild mit kreuzweise verschränkten Beinen und über sich geschlagenen Händen. Die seltsame Figur soll einer wahren Begebenheit zufolge einen Zimmermann darstel-

Peterskirche, Waidhaus und Altstadtbrücke

Sonnenorgel in der Peterskirche

len, der 1776 vom Dach herabstürzte, als er sich unvorsichtigerweise nach einem hübschen Mädchen umsah. Ein steinernes Kreuz ist dort in das alte Pflaster eingelassen, wo der arme Mann aufschlug!

Gleich daneben ist ein eiserner Halsring an die Kirchenmauer gekettet, ein rostiger Kirchenpranger, an dem die Sünder noch bis Mitte des 17. Jahrhunderts zur öffentlichen Ächtung harren mussten. Wohl damit zusammenhängend prangt rund 10 Meter darüber Tierisches steinern an der Fassade: ein Affe und ein Schwein. Der Affe gilt im Christentum als Sinnbild für negative menschliche Eigenschaften. Das Schwein ist oft Sinnbild für den rückfälligen Sünder.

Mo–Sa 11–18, So/Fei 11.45–18 Uhr | Nov.–März bis 16 Uhr | Führungen durch die Kirche und die Krypta: tgl. (Uhrzeit siehe Führungsuhr in der Kirche) | Gottesdienst So 10 Uhr | Eintritt frei

via Tipp **Der Sonnenorgel lauschen**
Die **Sonnenorgel** in der Peterskirche mit ihren berühmten Vogelpfeifen und den kreisenden Sonnen wird regelmäßig live vorgeführt.
„Orgel Punkt 12“ Apr.–Okt. Di/Do/So 12 Uhr, im Winter nur So/Fei 12 Uhr

PAUSE

Östlich der Peterskirche sind noch Reste der dicken Stadtmauer erhalten. Darin eingebunden – wie eine Art Erker – ist das **Wächterhäuschen** von 1539. Schon im Mittelalter war das ein Arbeitsplatz mit schönem Ausblick! Ein Stück weiter nördlich entlang der Stadtmauer führt eine Treppe hinunter in den begrünten **Nikolaizwinger** (▶ Seite 101). Die kleine Brunnenanlage mit Bänken ringsherum ist ein lauschiges Plätzchen für eine Pause.

Vogtshof 13

Nördlich der Peterskirche liegt der gewaltige Trakt des Vogtshofes. Er war Teil der Burg Yzcorelik (▶ Seite 14), auf die die Stadt Görlitz zurückgeht. Hier oben wohnten im 13. Jahrhundert die höchsten landesherrlichen Beamten sowie der Amtshauptmann. Zwischen 1830 und 1840 wurde der Vogtshof kurzzeitig zum preußischen Gefängnis und zur Garnisonskaserne umfunktioniert. Seit 1975 wohnen nun Studenten in den

Räumlichkeiten, auch ein Teil des Ratsarchivs hat hier jetzt seinen Sitz.

Links des Vogtshofs führt ein Durchgang zwischen den Häusern zur Krebsgasse. Ihr folgt man rechts, nach wenigen Schritten zweigt linker Hand der Karpfengrund ab, eine schmale, winkelige und abschüssige Gasse im ältesten Teil des Stadtgebiets. Das hübsch restaurierte Haus Karpfengrund Nummer 8 besitzt sowohl gotische als auch Renaissanceformen. Der Karpfengrund endet an der Nikolaistraße, direkt vor dem Nikolaiturm (▸ Seite 100).

Gasthaus Destille/Hotel Paul Otto mit Jüdischem Bad 14

Am westlichen, unteren Ende der Nikolaistraße (Ecke Karpfengrund) liegt das traditionsreiche Gasthaus Destille mit einer schönen Sommerterrasse. Neben guten regionalen und schlesischen Speisen hält das Haus am Nikolaiturm (▸ Seite 100) noch eine echte Überraschung parat: Die Wirtsleute führen ihre Gäste und Besucher gerne weit hinunter in die verzweigten Kellergewölbe des Hauses Nikolaistraße Nummer 5. Dort, im kühlen Untergrund, befand sich im Mittelalter das rituelle Bad der Görlitzer Juden, die sogenannte **Mikveh.** Sie stammt aus dem 11. oder 12. Jahrhundert. Noch heute sind das Tauchbecken und der natürliche Wasserlauf zu sehen, aus dem eine Mikveh gespeist sein muss. Das rituelle Bad ist nach orthodoxer jüdischer Tradition vorgeschrieben für Frauen am Vorabend ihrer Hochzeit und nach Entbindungen, für Männer vor dem Schabbat oder vor Feiertagen. Der Gläubige tauchte in einem rechteckigen Becken unter, dass mit kaltem, fließendem Wasser gefüllt war. Der Zulauf der Görlitzer Mikveh wird noch immer durch Quellwasser aus dem Burgberg gespeist. Bis ins späte 14. Jahrhundert nutzen die Görlitzer Juden das Bad; bis zu ihrer Vertreibung aus der Stadt. Später dienten die Räume mit ihren stets gleich bleibenden Temperaturen von 6 bis 10 Grad Celsius vorwiegend als Lagerstätte für Lebensmittel.

Nikolaistraße 6 | (0 35 81) 40 53 02 | www.destille-goerlitz.de | Mo–So 11.30–14.30 und ab 17 Uhr | Besichtigung des Jüdischen Bades: Eingang Hotel Paul Otto, 12–14 Uhr alle 20 Minuten

Peterstraße

Die Nikolaistraße führt zurück Richtung Peterskirche. Kurz vor der Kirche zweigt rechts die Peterstraße ab. Sie gehört zu den interessantesten Straßen der Altstadt und wird vor allem von herrlichen Renaissancegebäuden geprägt, einige sind auch barock gestaltet. Hier residierten früher die Honoratioren der Stadt. Als Verbindung zwischen dem Rathaus am Untermarkt und der Peterskirche war sie eine Art Hauptstraße von Görlitz. Daher wurde sie bereits 1841 gepflastert – zusammen mit der Neißstraße (▸ Seite 77), auf der der Fernhandelsverkehr durch die Stadt rollte.

Dass schon im frühen 17. Jahrhundert manch ein Zeitgenosse kopflos durch die Straßen düste, lesen wir auf einer Tafel am **Haus Nummer 13.** Da ist die Rede vom Stadtrichter und

Alchimisten **Gregor Gobius** (1588–1658). Der Legende nach soll er – grellrot gekleidet – auf einem schwarzen Leichenwagen mit vier schwarzen Pferden durch das nächtliche Görlitz kutschieren – seinen eigenen Kopf unterm Arm haltend. Wer den Wagen sieht, muss noch im selben Jahr sterben. Adolf Muschg lässt in seinem Roman *Kinderhochzeit* (2008) einen seiner Protagonisten in dem aprikosenfarbenen „Gespensterhaus" wohnen. Zum schaurig schönen Kultstück über Gobius wurde René Harders *Der Gottesacker blüht*. Es wird regelmäßig auf dem Görlitzer Nikolaifriedhof (▸ Seite 97) nahe der Gobius-Gruft aufgeführt.

Ein besonderes Schmuckstück der frühen Görlitzer Renaissancearchitektur ist das **Haus Peterstraße 8,** das seit 1998 das elegante **Romantikhotel Tuchmacher** 15 beherbergt. Das Gebäude wurde 1528 vom Stadtarchitekten Wendel Roskopf d. Ä. errichtet, Bauherr war der Kaufmann und Bürgermeister Franz Schneider. Dieses Bürgerhaus, vielleicht eines der vornehmsten Niederschlesiens, zeigt sich mit seinem reich verzierten Portal zwar auch von außen sehr repräsentativ, aber die eigentliche Pracht erstrahlt drinnen: So ist das Gewölbe der Haushalle als sogenanntes Schlingrippengewölbe angelegt, mit zum Teil frei schwebenden Rippen. Als Vorbild soll das Gewölbe des Wladislawsaales in der Prager Burg Hradschin gedient haben. Außerdem sind einige Holzbalkendecken des Hauses großartig bemalt, die Deckenbemalung im Erdgeschoss stammt aus dem 17. Jahrhundert.

Baumeister des **Hauses Peterstraße 7** auf der gegenüberliegenden Straßenseite war ebenfalls Wendel Roskopf d. Ä. Hier sticht das wunderbare, stilreine Renaissanceportal sofort ins Auge. Es ist auf das Jahr 1544 datiert und mit Ranken und Blüten versehen. Etwas seltsam mutet dagegen der spätgotische Ladeneinbau neben dem Portal an, der treppenförmige Hausgiebel wurde erst 1895 angebracht.

Das **Barockhaus Peterstraße Nummer 4** 16 stammt von 1720. Hier wohnte von 1570 bis zu seinem Tode der Mathematiker, Kartograph, Astronom und Humanist **Bartholomäus Scultetus** (1540–1614). Er wurde als Barthel Schulz in Görlitz geboren und ist auch der Erbauer der Görlitzer Rathausuhr (▸ Seite 70). Scultetus war damals einer der bedeutendsten Kartographen im mitteldeutschen Raum, 1593 schuf er die erste Landkarte der Oberlausitz. Daneben wurde er sechs Mal zum Bürgermeister von Görlitz gewählt. Scultetus war ein Freund Johannes Keplers, dem Entdecker der Planetenbewegungen. Während der Umbruchszeit vom Mittelalter in die Neuzeit, der Wende vom 16. zum 17. Jahrhundert, war die Neißestadt ein geistiges Zentrum des Späthumanismus. Hier wirkte damals auch der Schuster-Philosoph Jakob Böhme (▸ Seite 128). Zurück geht es über Untermarkt und Brüderstraße zum Obermarkt.

PAUSE

Neben den mannigfachen architektonischen Highlights in der Peterstraße lockt auch das vielfältige gastronomische Angebot hierher. Das **Restaurant Filetto** (▶ Seite 42) im Haus Nummer 1 beispielsweise und gegenüber das **Restaurant St. Jonathan** (▶ Seite 41) in der Nummer 16. Beide servieren mediterrane Spezialitäten in stilvollem Gewölbe-Ambiente. Im Sommer sitzt man im St. Jonathan im romantischen Innenhof mit Brunnen.

Dreifaltigkeitskirche 17

Direkt an der Ecke zur Brüderstraße steht seit 1234 die Dreifaltigkeitskirche. Sie wurde für das im gleichen Jahr gegründete Franziskanerkloster gebaut. Kirche und Kloster lagen damals noch vor den Toren der Stadt. Die Mönche des „Ordens der minderen Brüder" verpflichteten sich, in Armut und Buße den Menschen und der Kirche zu dienen. Sie hatten damals eine wichtige soziale Funktion.

Gründer des Bettelordens war der heilige Franz von Assisi, ihm und der heiligen Maria zu Ehren wurde die Kirche 1245 geweiht. Die armen Mönchsbrüder müssen tatsächlich rechte Hungerleider gewesen sein, denn ausgerechnet den äußerst schlanken **Glockenturm** nennt der Volksmund „Mönch". Fast ähnelt er einem muslimischen Minarett. Den barocken Turm erhielt die Kirche erst 1715, im selben Jahr erfolgte auch die Weihe zur Heiligen Dreifaltigkeit. In der Vorwendezeit war das Gotteshaus, wie auch die Görlitzer Frauenkirche, eine wichtige Begegnungsstätte für die Friedensgebete zahlreicher Bürger der Stadt.

Ursprünglich war die Dreifaltigkeitskirche nur ein einschiffiges Langhaus. Im 15. Jahrhundert wurden der zweigeschossige Kreuzgang des Klosters und die ehemals benachbarte Barbara-Kapelle einbezogen. Da-

Dreifaltigkeitskirche am Obermarkt und links der Rathausturm

durch erweiterte man das Langhaus um ein Seitenschiff. Diese sehr verschiedenen Teile verleihen dem Kirchenraum ein besonders sakrales Flair, auch etwas Geheimnisvolles. Als einziges Gotteshaus der Stadt besitzt die Dreifaltigkeitskirche noch ihre überaus wertvolle spätgotische Ausstattung. Dazu gehören in der Barbarakapelle die herrlich geschnitzte Holzplastik **Christus in der Rast** (um 1500) und der **Flügelaltar Goldene Maria** von 1488. Außerdem die **Sandsteingruppe der Grablegung Christi** (1492) von Hans Olmützer. Der prächtige **barocke Hochaltar** von 1713 im Chorraum stammt von Caspar Georg von Rodewitz, einem Schüler des berühmten Barockkünstlers Balthasar Permoser.

Im Zuge der Reformation verlor der Franziskanerorden mehr und mehr an Bedeutung. Im Jahre 1564 übergab schließlich der letzte Franziskaner Kirche und Kloster dem Rat der Stadt. Eine bereits bestehende Lateinschule wurde daraufhin in das leer stehende **Kloster** verlegt, das sich südlich der Dreifaltigkeitskirche anschloss. Die Schule blieb dort bis zur Mitte des 19. Jahrhunderts. Danach baute man an gleicher Stelle ein neues Schulgebäude im neugotischen Tudorstil, so wie man es heute noch sieht. Die Schule am Klosterplatz wurde ein Gymnasium, **Augustum-Annen-Gymnasium** heißt es heute.

In den ehemaligen Kreuzgängen des Klosters soll noch immer ein Mönch spuken, der **Klötzelmönch,** den man bei lebendigem Leibe in eine Klosterwand eingemauert hatte. Zur Strafe für eine grausige Tat, entdeckt von einem jungen Handwerksburschen: Der fromme Jüngling war in der Klosterkirche über seinem Gebet eingeschlafen. Als er gegen Mitternacht erwachte, hörte er auf ein-

Die Brunnenskulptur „Zecherpaar" an der Dreifaltigkeitskirche

mal schlurfende Schritte aus der Ferne und versteckte sich eilig in einem der Chorstühle. Er sah einen Mönch, dessen hässliche Gesichtszüge eine Blendlaterne hell beleuchtete. Der schleppte eine Frauenleiche an ihren langen, blonden Locken hinter sich her und klapperte dabei recht unheimlich mit seinen Holz- und Klötzelpantoffeln. Unter einer Grabesplatte legte er das junge Mädchen schließlich ab. Anderntags begab sich der junge Mann zum Bürgermeister, um ihm den grausigen Vorfall mitzuteilen. Schon kurz darauf gestand der überführte Mönch, dass er das Mädchen in seine Zelle gelockt, dort missbraucht und dann ermordet habe. Darauf folgte die drakonische Strafe: Der Mönch wurde lebendig in die Klosterwand gemauert. Der Name des Hotels Zum Klötzelmönch in der Fleischergasse erinnert noch an diese bekannte Görlitzer Sage.

An der Dreifaltigkeitskirche, in einer kleinen Gasse an der Ostseite des Gotteshauses, gibt es seit 1999 noch eine gelungene künstlerische Arbeit zu bewundern: Auf einer Granitbütte hat die Görlitzer Künstlerin Gisela Mauermann zwei Figuren platziert, einen Bad und Bier genießenden Mann und eine Wäsche wringende Frau. Das Kunstwerk, im Volksmund **Zecherpaar** genannt, hat die Stadt hier als Brunnen installiert.

Mo–Sa 10–18, So/Fei 11–18 Uhr

PAUSE

Café in der Kirche: Selbstgebackener Kuchen, Kaffee, Tee und christliche Preise.

Obermarkt

Der Obermarkt entstand Mitte des 13. Jahrhunderts. Die Stadt platzte damals aus allen Nähten, eine Stadterweiterung wurde notwendig. Man baute nach Westen, das bot sich an. Und so entstand der Obermarkt als neuer, großer Marktplatz für den Getreide- und Salzhandel, um den herum sich neue Straßenzüge bildeten. Neumarkt und Neustadt nannte man zunächst die Erweiterungen, erst im frühen 18. Jahrhundert setzte sich der Name Obermarkt durch.

Das schönste Profangebäude am Obermarkt ist das barocke Haus Nummer 29, auch **Napoleonhaus** 18 genannt. Es entstand 1718, wurde 2011 restauriert und steht an der Nordseite des Platzes. Seine Fassade ist streng symmetrisch gegliedert, ein vorschwingender Balkon thront über dem von Säulen flankierten Portal. Von dort oben soll Napoleon 1813 eine Truppenschau abgenommen haben. Und auch August der Starke und Zar Alexander I. von Russland sollen in diesem Hause fürstliches Quartier bezogen haben. Weitere Barockgebäude stehen auf der gleichen Platzseite. Auf dem Obermarkt finden auch die großen Stadtveranstaltungen statt, wie etwa das Altstadtfest, der Weihnachtsmarkt oder das Straßentheater ViaThea (▸ Seite 24).

Verrätergasse

Zwischen den Häusern Obermarkt 26 und 27 zweigt die Verrätergasse ab. In den schmalen Durchgang ist rechts das Kürzel DVRT 1527 geritzt. Es bedeutet „Der verräterischen Rotte Tür". In der Verrätergasse wohnte der Anführer des Aufstandes, den die unzufriedenen Görlitzer Tuchmacher 1527 gegen den Stadtrat anzettelten. Der Plan wurde aber verraten, denn die listigen Ratsherren ließen die Turmuhr der Dreifaltigkeitskirche (▶ Seite 87) um sieben Minuten vorstellen, so dass sich die Umstürzler beim Glockenschlag zur Mitternachtsstunde vor dem Nachtwächter schon in Sicherheit wähnten. Der wachsame Mann war jedoch noch auf Rundgang und entdeckte die Aufrührer. Wenn Sie zur Turmuhr der Dreifaltigkeitskirche schräg gegenüber hochgucken und einen Zeitvergleich machen, bemerken Sie, dass das Uhrwerk da oben noch immer exakt sieben Minuten vorgeht.

Reichenbacher Turm 19

Am westlichen Rand des Obermarktes steht der Reichenbacher Turm, der mit seinen 51 Metern sowohl der schönste als auch der höchste Görlitzer Turm ist. Er gehörte einst zur Stadtbefestigung und dient heute als einer von drei Standorten des Kulturhistorischen Museums (▶ Seite 51). Sein ältester Teil ist der quaderförmige Unterbau – er stammt wahrscheinlich aus der ersten Hälfte des 14. Jahrhunderts. Der zylindrische Oberbau mit dem achteckigen Wehrgang datiert von 1485. Im Jahre 1782 ersetzte man die gotische Turmspitze durch eine kupferne Barockhaube. Der Durchbruch für Fußgänger erfolgte 1869, da war die Toranlage

Blick vom Reichenbacher Turm auf den Obermarkt

bereits abgebrochen. Die 12 Wappen an der Außenwand zeigen, zu welchen Ländern Görlitz im Laufe seiner Geschichte gehörte. Zu sehen sind da die Wappen des Heiligen Römischen Reiches Deutscher Nation, des Kurfürstentums Sachsen, des Markgrafentums Brandenburg, des Königreichs Preußen, des Herzogtums Schlesien und des Königreichs Sachsen. Das böhmische Wappen ist in der unteren Reihe – hier hängen die Wappen des Sechsstädtebundes – durch das der Stadt Löbau vertreten.

In der Ausstellung des **Kulturhistorischen Museums** wird unter anderem eine Dokumentation über die mittelalterliche Stadtbefestigung gezeigt.

Der letzte Türmer zog erst 1904 aus seiner Dienstwohnung mit Panoramablick aus, sein Ofen ist noch im Türmerstübchen erhalten.

Unbedingt empfehlenswert ist die Turmbesteigung über 165 Stufen. Bei klarem Wetter schaut man da sogar bis zum Riesengebirge.

Platz des 17. Juni 4 | (0 35 81) 67 13 55 | www.museum-goerlitz.de | Kulturhist. Museum & Turmbesteigung: Ende Apr.–Anfang Nov. tgl. 10–17 Uhr | 4 € / 2,50 €

Schankhaus und Herberge Zum Nachtschmied

Um die Ecke vom Reichenbacher Turm lässt sich's gut einkehren: Im **Zum Nachtschmied** (▶ Seite 42) gibt es feine, schlesische Küche.

Heiligen Grab & Nikolaivorstadt

▶ SPAZIERGANG

Start
Heiliges Grab

Ende
Altstadtbrücke

Anfahrt
Tram 2, 3 und Bus B bis Haltestelle Heiliges Grab oder 10 Minuten Fußweg ab Demianiplatz

Route
Heiliges Grab | Ölberggarten | Steinweg | Nikolaikirche | Finstertor | Nikolaiturm | Nikolaizwinger | Hotherstraße | Altstadtbrücke

Dauer
2 Stunden

Nahe der Görlitzer Nikolaivorstadt kann man das Grab Jesu besichtigen – oder zumindest eine der getreuesten Nachbildungen seiner Todesstätte, inklusive Garten Gethsemane und Ölberg. Die Nikolaivorstadt ist außerdem die Wiege von Görlitz, hier siedelten die ersten Bewohner. In den krummbuckligen Sträßchen und Gassen stehen noch heute Handwerkerhäuser mit Renaissancefassaden, die ehrwürdige Nikolaikirche überragt die alte Vorstadt. Der dazugehörige Friedhof zählt zu den romantischsten Gottesackern Deutschlands.

★ Heiliges Grab 1

Die Görlitzer Heilig-Grab-Anlage gilt als die genaueste Kopie der mittelalterlichen Grabstätte Jesu in Jerusalem und ist damit das unbestrittene Prunkstück aller Nachbildungen des Heiligen Grabes. Auch wenn man hierzulande noch weitere fünfzehn oder sechzehn Kopien zählt. Die Anlage wurde zwischen 1481 und 1504 erbaut. Sie ist in den ältesten Landschaftspark Deutschlands gebettet und ein religiöses Gesamtkunstwerk: Doppelkapelle, Salbhaus, Heiliges Grab, Ölberg und Kidrontal bilden einen Ort der Erinnerung an Leiden, Sterben und Auferstehung Jesu Christi. Das Heilige Grab, auch Görlitzer Jerusalem genannt, gehört damit zu den bedeutendsten Sehenswürdigkeiten der Neißestadt.

Die Grabeskirche in Jerusalem mit dem Grab Jesu ist gemäß der Bibel der Ort der Grablegung und Auferstehung des christlichen Messias und damit die heiligste Stätte der Christenheit. Im Mittelalter und noch bis in die Barockzeit hinein bestand ein großes Bedürfnis der Gläubigen, biblische Geschichte nachzuerleben. Auch die Görlitzer Anlage wurde aus diesem Grund gebaut. Wie es genau zu ihrer Errichtung kam, ist ungewiss. In einer Version der Geschichte soll die Geburt eines unehelichen Kindes der Anlass gewesen sein: Im Jahre 1464 hatte der reiche Kaufmannssohn Georg Emmerich die minderjährige Benigna Horschel, die Tochter einer hussitenfreundlichen Familie, geschwängert und ihr die Ehe ver-

Das Heilige Grab in Görlitz ist die genaueste Kopie der Grabstätte Jesu

sprochen. Vater Urban Emmerich aber – erzkatholischer Bürgermeister der Stadt und parteiisch im damaligen „Kulturkampf" gegen die Hussiten – versagte seinem Sohnemann strikt die Heirat. Stattdessen schickte er den Filius zur Sühne auf Pilgerfahrt nach Jerusalem. Der junge Georg kam geläutert und mit exakten Plänen des Heiligen Grabes aus Jerusalem zurück. Aus Dankbarkeit für die glückliche Heimkehr stiftete er eine Nachbildung des Heiligen Grabes. Sie sollte auf dem hügeligen Gelände westlich der Nikolaivorstadt errichtet werden, dort, wo sich zuvor ein Friedhof für Hingerichtete befunden hatte.

Die **Besichtigung der Anlage,** die in ihrer Anordnung den Abmessungen des Jerusalemer Originals entspricht, beginnt gleich hinter dem modernen Eingangsgebäude. Man steigt zunächst ein paar Stufen hinauf und gelangt zu der imaginären Stelle, von der aus Jesus mit der Last des Kreuzes zur Stätte seiner Hinrichtung gehen musste. Nochmals geht es aufwärts, rechts symbolisieren drei Linden die drei Kreuze von Golgatha.

Dahinter steht die spätgotische **Doppelkapelle zum Heiligen Kreuz** (1481–1498). Im Erdgeschoss befindet sich die Adamskapelle, kryptenartig und mit dem symbolischen Grab Adams. Darüber – über eine Außentreppe zu erreichen – die Golgathakapelle. Sie symbolisiert den Golgatha-Hügel, auf dem Jesus gekreuzigt wurde. Die drei Vertiefungen im Boden stellen die Standorte des Kreuzes Christi und die seiner Mitverurteilten dar. Der auffällige Riss in der Ostwand der Kapelle versinnbildlicht die in Matthäus 27, 51 beschriebene Spaltung des Felsens in der Todesstunde Christi.

Wenige Schritte von der Doppelkapelle entfernt steht das Salbhaus mit einer wunderbaren Pieta, einer Darstellung der trauernden Mutter Maria mit dem Leichnam Christi im Arm. Die Sandsteinplastik entstand um 1500 und wird dem Bildhauer Hans Ölmützer zugeschrieben.

Das **Heilige Grab** selbst befindet sich im hinteren Teil des Gartens. Es besitzt eine Vorkammer – die Engelskapelle – und dahinter die Grabkammer. Seine Darstellung entspricht dem Grab in Jerusalem, wie es von 1099 bis 1555 aussah. Die Grabanlage hat sowohl gotische als auch maurische Stilelemente. Der große Steinquader am Eingang wird als Verschlussstein des Grabes gedeutet.

Seit der Wende zum 16. Jahrhundert gehört auch ein **Passionsweg** zum Heiligen Grab, der den Leidensweg Christi von seiner Verurteilung bis zu seiner Kreuzigung abbildet. Er führt von der Peterskirche mit sieben Stationen über Nikolaistraße und Steinweg zur Grabanlage. Zu Karfreitag gehören die Auferstehungsfeier und der Gang über diese via dolorosa zu den bedeutendsten christlichen Feierlichkeiten in Görlitz.

Heilige-Grab-Straße 78 | (0 35 81) 31 58 64 | www.heiligesgrab-goerlitz.de | Apr.-Sep. Mo–Sa 10–18, So/Fei 11–18 Uhr, Jan./Feb. und Nov./Dez. Mo–Sa 10–16, So/Fei 11–16 Uhr, März/Okt. Mo–Sa 10–16, So/Fei 11–16 Uhr | Führungen: Apr.-Sep. Mo–Sa 11 und 15, So/Fei 11.30 und 15 Uhr | 2 € / mit angemeldeter Führung 2,50 € /

ohne Anmeldung 3 €, Kombiticket Heiliges Grab und Nikolaikirche 3 € / mit Führung 5 €

Ölberggarten

Der Ölberggarten liegt gleich hinter dem Heiligen Grab und symbolisiert das Jerusalemer Kidrontal, die Jüngerwiese, den Ölberg und den Garten Gethsemane. Nur im Zuge einer Führung kann man vom Heiligen Grab direkt zum Ölberggarten wechseln, durch ein kleines Törchen im Zaun. Wer an keiner Führung teilnimmt, muss zurück zum Eingang. Dort hält man sich rechts und biegt dann gleich wieder rechts in die Friedhofstraße ein. Da gibt es mehrere Zugänge zum Ölberggarten.

Die Ölberganlage entstand zwischen 1923 und 1928 nach Plänen des Gartenbaudirektors Heinrich

▶ SEHENSWÜRDIGKEITEN

1 Heiliges Grab
2 Nikolaikirche
3 Nikolaifriedhof
4 Finstertor
5 Scharfrichterhaus
6 Jesus Bäckerei
7 Nikolaiturm
8 Zwinger
9 Hotherturm

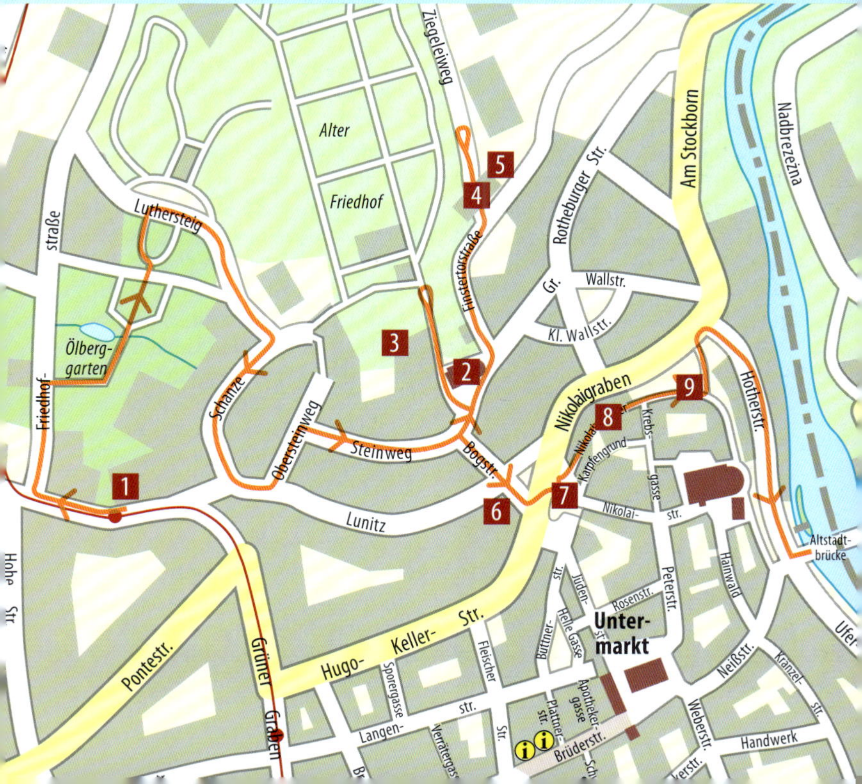

Diekmann. Der **Ölbaum,** unter dem Jesus Gott gebeten haben soll, seine bevorstehende Gefangenschaft und seinen Tod am Kreuz abzuwenden, ist in Görlitz ein rund 150 Jahre alter Spitzahorn. Als **Kidron** plätschert das Bächlein Lunitz durch den Garten. Die weite Anlage liegt südlich des zu DDR-Zeiten hauptsächlich aus Plattenbauten hochgezogenen Neubaugebiets Königshufen sowie des Neuen Städtischen Friedhofs. Von der Freitreppe des 1913 gebauten **Krematoriums** hat man einen wunderbaren Ausblick auf Görlitz.

Tgl. geöffnet | Eintritt frei

Das städtische Krematorium auf dem Scheitel des Ölbergs

Nikolaivorstadt

Östlich des Ölberggartens erstreckt sich die unter Denkmalschutz stehende Nikolaivorstadt. Hier liegt der historische Ursprung der Stadt Görlitz – eingebettet zwischen dem Felsenplateau der Peterskirche und den ausgedehnten Hügeln der Städtischen Friedhöfe.

Der nördliche Ausgang der Ölberganlage führt über die Straßen Luthersteig und Schanze zurück zur Heiligen-Grab-Straße. Dort geht es links und gleich wieder links in den Obersteinweg. Dieser führt nach rund 70 Metern rechts zum Steinweg.

Am **Steinweg** kreuzten sich im Mittelalter die beiden Fernhandelsstraßen Via Regia und Neiße-Talrand-Straße. Rechts und links der Fernstraßen siedelten sich um das Jahr 1100 deutsche Gastwirte und Kaufleute an, die vom vorbeiziehenden Verkehr und Handel lebten. Aus dieser deutschen **Kaufmannssiedlung** entwickelte sich später die Stadt Görlitz (▸ Seite 14). Schon vor dieser Ansiedlung gab es in der Nikolaivorstadt ein slawisches Dorf. Es befand sich wahrscheinlich an der heutigen Kleinen und Großen Wallstraße, die zusammen eine ringförmige Anlage bildeten. Erstmals erwähnt wird das Dorf als **villa Gorelic** im Jahre 1071 in einer Urkunde Heinrichs IV. (▸ Seite 13).

Heute geben die zwei- und dreistöckigen Handwerkerhäuser dem Viertel einen kleinstädtischen Charakter. Etliche von ihnen besitzen schmucke Renaissancefassaden, die mittlerweile restauriert wurden.

PAUSE

Gastronomische Angebote sind rar in der Nikolaivorstadt. Am Nikolaigraben bietet die Jesus Bäckerei (▶ Seite 44/100) Gelegenheit für eine Pause.

Nikolaikirche 2

Am Ende des Steinwegs führt die Bogstraße links hinauf zur Nikolaikirche. Der Vorgängerbau des Gotteshauses wurde 1100 von den deutschen Kaufleuten errichtet, die sich rund um den heutigen Steinweg ansiedelten (▶ Seite 14). Sie erbauten die Nikolaikirche zu Ehren ihres Patrons, dem Heiligen Nikolaus. Später, als die Burg Yzcorelik auf dem Felsenplateau nahe der Neiße gebaut wurde, zogen die Kaufleute in den Schutzkreis der Burg. Als sich Görlitz dann zur Stadt entwickelte, diente die Nikolaikirche als Pfarrkirche, befand sich aber außerhalb der Stadtmauern.

Im Jahr 1452 begann der Neubau der Nikolaikirche, die nun ihr heutiges, spätgotisches Aussehen erhalten sollte. Geweiht wurde die dreischiffige Hallenkirche jedoch erst 1520, da man inzwischen die Bauarbeiten an der Peterskirche forciert hatte. Das besonders wertvolle **Südportal** von 1517 blieb unvollendet und besitzt noch frühgotische Elemente. Es zeigt ein Kreuzigungsrelief sowie St. Nikolaus und St. Katharina.

In den Jahren 1642 und 1717 brannte die Kirche jeweils vollständig aus und bekam daraufhin eine barocke Innenausstattung. Anstelle der gotischen Gewölbe erhielt sie eine bemalte Flachdecke. Ihren Dachreiter bekam die turmlose Nikolaikirche 1786.

Im Jahre 1925 erfolgte der Umbau zu einem **expressionistischen Ehrenmal** für die Görlitzer Opfer des Ersten Weltkriegs. Dabei wurde ein leichtes, neogotisches Rabitzgewölbe eingezogen und die zwölf schweren, spätgotischen Pfeiler durch schlanke Stahlbetonsäulen ersetzt.

(0 35 81) 31 58 64 | März Do–So 12–16 Uhr, Apr.–Okt. Mo–So 11–17 Uhr, 01.–15. Nov. 11–16 Uhr, Mitte Nov.–Ende Feb. geschlossen

★ Nikolaifriedhof 3

Am Hang hinter der Nikolaikirche erstreckt sich der historische Nikolaifriedhof. Seine alten Gräber und hohen Bäumen machen ihn zu einem höchst romantischen, ja fast verwunschenen Flecken Erde, weshalb die Schriftstellerin Ricarda Huch ihn als romantischsten Friedhof Deutschlands pries!

Der Nikolaifriedhof wurde wohl schon im 12. Jahrhundert angelegt, erstmals erwähnt wird er um 1305. Auf dem Friedhof findet man Gräber und beeindruckende Epitaphe aus allen großen Kulturepochen seit dem späten Mittelalter. Aber vor allem aus dem Barock und dem Klassizismus, also ungefähr aus der Zeit von 1600 bis 1850. Die etwa 600 Grabmale bezeugen durch ihre oft außergewöhnlich reiche Ausschmückung mit beschrifteten Herzen, Vasen, Girlanden und Figuren den großen Repräsentationswillen der Görlitzer Patrizier. Sie liegen ohne erkennbare Anordnung kreuz und quer auf Gras und vor Gebüschen. Oder stecken schief und mit Moosen bedeckt im lehmigen Grund. Zwischen den alten Bäumen eröffnen sich immer wieder weite Ausblicke auf die Stadt.

Direkt am Eingang des Nikolaifriedhofs begrüßt den Besucher ein Baumdenkmal aus dem 16. Jahrhundert – die immer noch mächtigen Reste der **Möller-Linde.** Sehenswert sind auch die **freistehenden Grufthäuser** der Familie Fröhlich und der Familie Emmerich. Die Gruft der Familie Fröhlich stammt von 1744 und befindet sich an der östlichen Friedhofsmauer, die der Familie Emmerich an der Nordseite der Nikolaikirche.

Erhalten blieb auch die Renaissance-Gruft der Familie des sagenumwobenen **Gregor Gobius** (▸ Seite 86) in Hanglage nordöstlich der Nikolaikirche. An dem eisernen Gitter der Gruft fehlt ein Ring, den kein Schmied je anbringen kann. Jedenfalls seien alle Versuche bisher gescheitert, erzählt die Legende. Ihre letzte Ruhe fand auch die schöne **Minna Herzlieb** (1789–1865) auf dem Nikolaifriedhof. Ihr setzte Goethe mit der Ottilie in seinen Wahlverwandtschaften ein Denkmal. Ihre Grabstätte liegt auf dem sich unmittelbar an den Nikolaifriedhof angrenzenden Städtischen Friedhof.

Ebenso begraben auf dem Nikolaifriedhof sind der expressionistische Maler und Illustrator **Johannes M. Avenarius** (1887–1954), ein Freund Gerhart Hauptmanns, und **Jakob Böhme** (▸ Seite 128), der Schuhma-

Verwunschenes Kleinod: Der Nikolaifriedhof

cher, der nicht bei seinen Leisten bleiben wollte. Die in seinen Grabstein eingemeißelte „Philosophische Kugel" zeigt die auseinanderstrebenden Halbkreise des Guten und des Bösen. Sie berühren sich jedoch – so wollte es Böhme – an der gemeinsamen Tangente des menschlichen Herzens. Der Weg zum Böhme-Grab ist vom Eingang des Friedhofs ausgeschildert, die Grabstätte von Avenarius liegt knapp 50 Schritte vom Böhme-Grab entfernt. Sie fällt mit ihrem grünen, barocken Kreuz ins Auge.

Apr.-Okt. 6.30–21 Uhr, Nov.-März 6.30–18 Uhr, Allerheiligen, Allerseelen, Totensonntag 6.30–20 Uhr

Finstertor 4

Das Finstertor grenzt an die östliche Mauer des Nikolaifriedhofs. Es war Teil der historischen Schutzanlage, die die Nikolaivorstadt einst umgab. Das Finstertor ist das einzig erhaltene Tor dieser ursprünglichen Wehranlage. Man erreicht es, indem man an der Nikolaikirche links in die Große Wallstraße und danach gleich wieder links in die Finstertorstraße einbiegt.

Im Durchgang des Finstertores konnte früher ein Fallgitter herabgelassen werden. Das Tor wird 1455 erstmals als „Tor bei dem Totenwächter" erwähnt, denn im angrenzenden Gebäude wohnte der Scharfrichter.

Scharfrichterhaus 5

Rechts hinter dem Finstertor liegt das ehemalige Scharfrichterhaus von Görlitz. Es ist das älteste Fachwerkgebäude der Stadt und wurde 2002 originalgetreu im fränkischen Stil restauriert. Das Scharfrichterhaus diente dem Stadthenker und seinem Knecht wahrscheinlich schon ab 1571 als Wohnung und befand sich damals außerhalb der Stadtmauer, denn der Beruf des Henkers galt als unehrenhaft.

Die auf einer Sandsteintafel eingelassene Jahreszahl 1676 mit Görlitzer Richtschwert und dem Kürzel „L.S.B." verweist auf den damaligen Scharfrichter Lorenz Straßburg. Das schöne Gebäude ist heute Sitz der Jugendbauhütte, in der Jugendliche ein Freiwilliges Jahr in der Denkmalpflege absolvieren können.

Blick auf den Nikolaiturm

Wenn man vom Scharfrichterhaus den Hügel noch etwa 100 Meter aufwärts geht, hat man bald einen wunderbaren **Blick auf die Peterskirche** und die Altstadt. Hier standen früher die städtischen Galgen, den letzten brach man erst 1831 ab.

Mit dem Wohnhaus des Scharfrichters, der Nikolaikirche und dem Friedhof besaß die Nikolaivorstadt über Jahrhunderte eine besondere Bedeutung für Görlitz. Im frühen 19. Jahrhundert entstanden hier außerdem die ersten kleinen Betriebe der Textilbranche. Das eigentliche Zentrum der Tuchproduktion verlagerte sich mit der Industrialisierung später jedoch mehr und mehr zum Neißeufer und nach 1850 in die Neustadt.

Jesus Bäckerei 6

Über die Bogstraße geht es zurück Richtung Nikolaikirche und weiter bis zur Straße Lunitz. An der Ecke befindet sich die „Jesus Bäckerei" als Einkehrmöglichkeit mit Kuchen- und Kaffeeangebot. Interessanter als die Bäckerei ist aber der Bildstock von 1489 neben dem Hausportal. Denn hier liegt die **dritte Station des Görlitzer Kreuzweges,** der von der Peterskirche mit sieben Stationen zum Heiligen Grab führt (▸ Seite 92). Die Station am Jesus Bäcker symbolisiert die Stelle, an der Jesus unter der Last des Kreuzes zusammenbrach und Simon von Cyrene es aufnahm.

Nikolaiturm 7

Von der Jesus Bäckerei schon in Sichtweite: der runde Nikolaiturm. Der 1348 erstmals urkundlich erwähnte Turm war vermutlich schon früher Teil der Görlitzer Stadtbefestigung und gehörte zum gleichnamigen Stadttor. Seit das Tor 1848 abgebrochen wurde, wirkt der schlichte Nikolaiturm mit seiner barocken Kupferhaube aus dem 18. Jahrhundert ein bisschen wie alleingelassen. Einen Turmwächter, wie ab 1539, gibt es auch nicht mehr. Der letzte verließ die Wohnung im Obergeschoss 1903. Heute beherbergt der Nikolaiturm eine interessante Ausstellung auf allen sieben Stockwerken zur Geschichte der Stadt, die unter anderem eine Sammlung historischer Torschlösser, Beschläge und Leuchten zeigt.

Leider gibt es keine festen Öffnungszeiten, in der Regel wird nur zwei bis vier Mal pro Monat für einige Stunden geöffnet. Ein Infozettel hängt an der Eingangstür.

Nikolaizwinger 8

Gleich links neben dem Nikolaiturm, an einem großen schmiedeeisernen Tor, befindet sich der Eingang zum Nikolaizwinger. Ein Zwinger ist ein unbebauter Bereich zwischen der Stadtmauer und einer weiteren, vorgelagerten Mauer, also eine doppelreihige Schutzanlage.

In Görlitz umfasste die Stadtbefestigung neben dem Zwinger noch 20 Wachtürme und sechs Stadttore. Die **mittelalterliche Schutzanlage** – zu größeren Teilen noch erhalten – verlief um den Burgberg herum, die heutige Hugo-Keller-Straße entlang bis zum Demianiplatz (▸ Seite 102) und zum Dicken Turm (▸ Seite 107). Die breite, schnurgerade Elisabethstraße (▸ Seite 107) markiert den südlichen Verlauf. Dieser Teil wurde zur großen Stadterweiterung Mitte des 19. Jahrhunderts gänzlich geschliffen.

Im Nikolaizwinger öffnet sich dem Besucher seit 1954 eine lauschige **Gartenanlage** nach Entwürfen des Gartenarchitekten Henry Kraft. Man spaziert zunächst durch einen Vorhof mit Rasenflächen, dann durch einen Staudengarten mit ansteigenden Terrassen und schließlich durch einen hübschen Wallgarten.

Apr.–15. Sep. 8–21 Uhr, 16. Sep.–31. Okt. 8–20 Uhr

Hotherturm 9

Der Nikolaizwinger führt geradewegs zum klotzigen, runden Hotherturm. Er ist die einzige erhaltene Eckbastion der alten Stadtbefestigung und stammt aus der zweiten Hälfte des 13. Jahrhunderts. Im Mauerwerk lassen sich noch gut die einzelnen Schießscharten und Kanonenluken erkennen.

Am Hotherturm führt eine Treppe abwärts zur Straße Nikolaigraben, von der rechts die **Hotherstraße** abzweigt. Hier sind noch einige Häuser unsaniert, die meisten stammen aus dem 16. bis 18. Jahrhundert. Einige besitzen hübsche Portale, etwa das **Haus Nummer 7** mit der golden eingelassenen Jahreszahl 1796, welches einst „Zum blauen Engel" hieß und wahrscheinlich ein Färberhaus war. Die anderen Gebäude mit Zugang zur Neiße waren vorwiegend Gerberhäuser. Mit Hilfe von Stangen wusch man die Felle im Fluss.

Die Hotherstraße führt, vorbei an der Vierradenmühle (▸ Seite 79), weiter zur Altstadtbrücke.

Der Hotherturm öffnet von Ende März bis Ende Okt. jeden 2. und 4. Freitag im Monat. Treffpunkt 17 Uhr an der Rathaustreppe.

Gründerzeitviertel: Die Innenstadt

▶ SPAZIERGANG

Start
Demianiplatz

Ende
Altstadtbrücke

Route
Demianiplatz | Annengasse | Marienplatz | Postplatz | Wilhelmsplatz | Berliner Straße | Bahnhof | Augustastraße | Blumenstraße | Park des Friedens | Stadtpark | Neue Synagoge | Uferstraße | Ochsenbastei | Altstadtbrücke

Dauer
3–4 Stunden

Die Görlitzer Innenstadt bildet ein einzigartiges Flächendenkmal aus Gründerzeit- und Jugendstilgebäuden. Entstanden ist das Stadtviertel zwischen 1850 und 1920. Da Görlitz den Zweiten Weltkrieg fast schadlos überstanden hat, bietet sich Besuchern heute ein zusammenhängendes historisches Stadtbild. Zudem wurden viele Häuser nach der Wende – durchaus aufwendig und kostspielig – originalgetreu saniert. Auf einem Spaziergang durch das Gründerzeitviertel lassen sich Highlights und versteckte Schönheiten entdecken.

Demianiplatz

Der lang gestreckte Demianiplatz (im Stadtjargon einfach nur „Demi" genannt) ist der zentrale Platz der Görlitzer Innenstadt. Er reicht vom Jugendstil-Kaufhaus (▶ Seite 109) vorbei am Theater bis zum Kaisertrutz (▶ Seite 104).

Der südliche Teil am Jugendstilkaufhaus ist heute der wichtigste Knotenpunkt des öffentlichen Nahverkehrs, hier fährt auch der Bus ins polnische Zgorzelec ab. Der nordöstliche Teil des Demianiplatzes heißt seit 2003 **Platz des 17. Juni** – anlässlich des 50. Jahrestages des Arbeiteraufstandes in der ehemaligen DDR.

Von der Straßenbahnhaltestelle sind es nur ein paar Schritte in nordwestlicher Richtung zum Theater von Görlitz, das seit 1851 in der Mitte des Demianiplatzes thront. Der Stadtplatz wurde 1846 zu Ehren des im gleichen Jahr verstorbenen Görlitzer Bürgermeisters Gottlob Ludwig Demiani benannt. Sein überlebensgroßes **Denkmal** findet sich seit 1852 in dem kleinen Park an der Rückseite des Theaters. Vor dem Tod Demianis hieß der Platz Rademarkt, denn hier wohnten seit dem frühen 19. Jahrhundert viele Wagenbauer und Rademacher. Noch früher, im 15. Jahrhundert, befand sich auf diesem Gebiet eine große Brauerei, die die siebzehn mittelalterlichen Schankstuben der Stadt versorgte.

Marienplatz: Blick vom Jugendstil-Kaufhaus auf den Dicken Turm (▶ Seite 107)

Gerhart-Hauptmann-Theater Görlitz 1

1851 eröffnete der Theaterbetrieb auf dem Demianiplatz mit Schillers *Don Carlos*. Das klassizistische Gebäude war nach Plänen von Gustav Kießler, dem Architekten des Neißeviaduktes (▶ Seite 116), erbaut worden. Zu DDR-Zeiten wurde das Theater mehrfach umgebaut. Dabei entfernte man auch die opulenten Schmuckelemente, die 2002 rekonstruiert wurden. Seitdem erfreut die „kleine Semperoper" ein breites Publikum aus dem gesamten Kulturraum der Oberlausitz und Niederschlesiens. Das vielfältige Programm reicht von Opern und Operetten über Ballette, Musiktheater bis zu Konzerten der Neuen Lausitzer Philharmonie.

Informationen zu Programm und Tickets
▶ Seite 54

Kaisertrutz 2

Schräg gegenüber dem Theater steht der 1490 errichtete Kaisertrutz. In dem ehemaligen Wehrturm ist heute ein Teil des **Kulturhistorischen Museums** (▶ Seite 51) untergebracht. Ursprünglich hieß die Bastei „Rondell beim Budissiner Tor", sie war als Befestigungsanlage mit einer bis zu 4,7 Meter dicken Ringmauer Bestandteil der mittelalterlichen Stadtmauer und mit dem Reichenbacher Turm (▶ Seite 90) verbunden. Das Reichenbacher oder Budissiner Tor nebenan war der westliche Zugang zum Obermarkt und zur Altstadt. Ihren heutigen Namen erhielt die runde Anlage im Jahre 1641, also während des Dreißigjährigen Krieges, als das von den Schweden besetzte Görlitz den kaiserlichen und kursächsischen Truppen „trotzte". Im Jahre 1848 verschüttete man den die Bastion umgebenden Wassergraben. Gleichzeitig begann man mit dem Umbau des Gebäudes zur Hauptwache der preußischen Garnison, mit Waffendepot und Arrestzellen. In dieser Zeit wurde der Turm

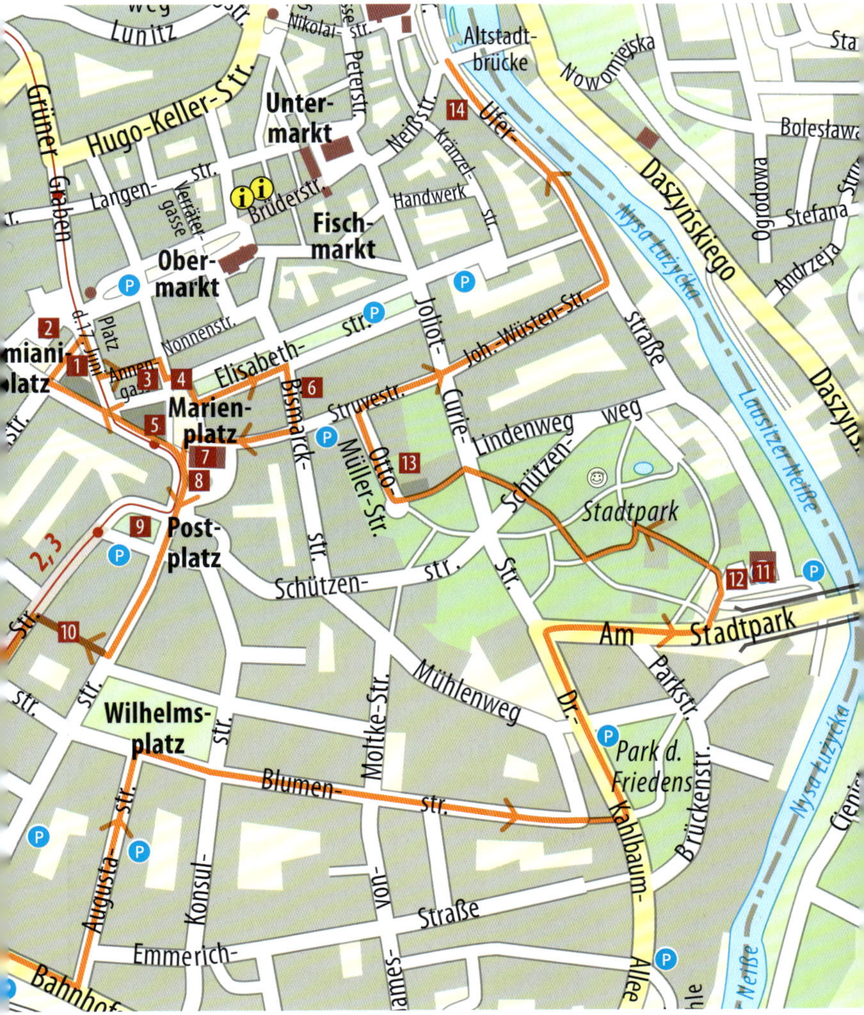

neugotisch aufgestockt und die Anlage um Säulenhallen und zwei Ecktürme erweitert. Seit 1932 dient der Kaisertrutz als städtisches Ausstellungsgebäude. 2009 begannen umfassende Sanierungsarbeiten an dem Gebäude und heute beherbergt es die Abteilungen Stadtgeschichte und Archäologie des Kulturhistorischen Museums.

Platz des 17. Juni 1 | (0 35 81) 67 13 55 | www.museum-goerlitz.de | Öffnungszeiten und Preise ▶ Seite 51

Der Kaisertrutz wurde 1490 als Wehrturm erbaut (▶ Seite 104)

Annenkapelle 3

Östlich des Demianiplatzes zweigt die Annengasse ab, an deren Ende rechts die Annenkapelle liegt. Sie entstand zwischen 1508 und 1512 als Privatkapelle für den im Frenzelhof (▶ Seite 69) am Untermarkt 5 residierenden Görlitzer Kaufmann Hans Frenzel. Er ließ die Kapelle der heiligen Anna weihen, der Großmutter Jesu. Das hatte einen Grund: Die Ehe der reichen Kaufmannsfamilie war lange kinderlos geblieben und die heilige Anna gilt als Fürbitterin um Kindersegen. Die Bitten des Paars wurden auch prompt erhört, ein Frenzel junior erblickte bald das Licht der Welt. Die Verkündigung des Erzengels Gabriel an Maria, dass sie guter Hoffnung sei, ist daher über dem Nordportal dargestellt, dem ehemaligen Haupteingang.

Die Annenkapelle ist eine von nur zwei Privatkirchen in Deutschland. Neben der Familie Frenzel in Görlitz besaßen nur die Fugger in Augsburg eine Privatkirche, denn die Errichtung von Sakralbauten war damals Königen und Herzögen vorbehalten. Die Ausnahmen in Görlitz und Augsburg unterstreicht den enormen Reichtum der beiden Familien.

Die Kapelle dient heute als Aula des angebauten Annengymnasiums und als Ausstellungshalle. Der auffällige, moderne **Teufelsbrunnen** an der nordöstlichen Kapellenmauer stammt von der Dresdner Künstlerin Veronica von Appen. Er ist der einzige Trinkwasserbrunnen der Altstadt.

Marienplatz & Dicker Turm 4

Südlich der Annenkapelle erstreckt sich der Marienplatz. Der weite Stadtplatz bildet die Schnittstelle zwischen der Altstadt und der gründerzeitlichen Innenstadt. Wo sich einst ein Wassergraben an der mittelalterlichen Stadtmauer entlangzog, hat man 2002 im Rahmen der Neugestaltung des Platzes eine Brunnenanlage installiert. Das **Wasserband** ist umgeben von großen Platten aus hellem schlesischem Granit. Hinter dem Wasserband stehen zwei Reihen von Linden mit etwas ungewöhnlichen, kastenförmig geschnittenen Punk-Frisuren. Der Marienplatz ist offenkundig der Lieblingstreff der jugendlichen Görlitzer Skater-Szene, die hier ihre waghalsigen Sprünge und Kunststücke übt.

Das schmucke Gebäude an der Westseite des Platzes beherbergt seit 1860 das Museum der Naturforschenden Gesellschaft, heute das **Museum für Naturkunde** 5 (▸ Seite 51).

An der nordwestlichen Ecke des Marienplatzes thront der 45 Meter hohe **Dicke Turm.** Dieser Rundturm, auch Frauenturm genannt, wurde zur großen Stadterweiterung um 1250 gebaut, die Renaissancehaube bekam er 1565. Der Dicke, dessen untere Mauern eine stattliche Stärke von 5 Metern aufweisen, war Bestandteil des mächtigen, dreifach gesicherten Frauentores. Das Tor war der südliche Zugang zur Stadt und wurde 1848 abgebrochen. Am äußeren Teil des Frauentores befand sich von 1477 bis zu seiner Schleifung das **Stadtwappen von Görlitz.** Heute ziert es den Dicken Turm. Die spätgotische Arbeit aus Sandstein stammt von Briccius Gauske und wurde der Stadt von Kaiser Sigismund für ihre Verdienste gegen die Hussitenheere verliehen.

Turmbesteigung: Mitte März–31. Dez. Mi–So 12–17 Uhr jeweils zur vollen Stunde | 3,50 € / Kinder bis 14 Jahre 1,50 €

Elisabethstraße

Östlich des Marienplatzes erstreckt sich die Elisabethstraße, von den Görlitzern liebevoll „Eli" genannt. Mit ihrem breiten Mittelstreifen zwischen den beiden Fahrbahnen ist die Straße eher ein lang gezogener Platz. Seit 1864 findet hier der Görlitzer Wochenmarkt statt.

Rund 80 Meter ist die Elisabethstraße breit, gerne vergleicht man diese Promenade deshalb mit dem Berliner Boulevard Unter den Linden, der nur unwesentliche 4 Meter breiter ist. Der Grund für diese enormen Ausmaße: Bis 1840 stand hier der südliche Teil der mittelalterlichen Stadtmauer, doppelt mit einem Zwinger (▸ Seite 101) in der Mitte und zusätzlich noch mit einem Stadtgraben geschützt. Der wurde nach und nach zugeschüttet, das alte Mauerwerk trug man Mitte des 19. Jahrhunderts ab. Später, von 1882 bis zum Ersten Weltkrieg, fuhr auf der Elisabethstraße die städtische Pferdebahn.

Die Namensgeberin der Promenade ist die Gemahlin des preußischen Königs Friedrich Wilhelm IV. Schließlich hatte der „Romantiker auf dem Thron", wie man den Monarchen nannte, bei seinem Besuch im Jahre 1844 das dankbare Görlitz zur Großstadt erhoben.

Wochenmarkt Mo–Sa 8–16 Uhr

Das Jugendstil-Kaufhaus kann man auch bald wieder von innen bewundern

PAUSE

Im **Café am Dicken Turm** genießt man eine freundliche Kaffeehaus-Atmosphäre mit großem Kuchenangebot.

Jugendstil-Fleischerei Büchner 6

Von der Elisabethstraße zweigt rechter Hand die Bismarckstraße ab. Das Gründerzeithaus mit der Nummer 3 beherbergt seit 1911 die wohl schönste Fleischerei der Stadt, wenn nicht gar Sachsens. Die bunten, noch originalen Wandfliesen von Villeroy und Boch zeigen Motive aus dem Fleischerhandwerk, gestaltet in schönster Jugendstil-Manier. Die Fleischerei wurde 1993 saniert und gehört zu den Kulturdenkmalen Sachsens. Für fotografierende Besucher ist auf dem Tresen ein Schweinchen für den Dankesgroschen bereitgestellt.

(0 35 81) 41 74 59 |
Mo–Fr 7–18, Sa 6–11.30 Uhr

Jugendstil-Kaufhaus 7

Von der Bismarckstraße geht es rechts über die Struvestraße zurück zum Marienplatz. Dort gibt es linker Hand ein weiteres Jugendstil-Kunstwerk zu bewundern: Das Kaufhaus mit seinem charakteristischen Arkadengang ist heute das einzige original im Jugendstil erhaltene Kaufhaus Deutschlands. Drinnen erstrahlt ein imposanter Lichthof mit Galerien, hübschen Kacheln und bemalter Glaskuppel. Das Kaufhaus wurde 1913 erbaut. Baumeister war der Potsdamer Architekt Carl Schmanns, der sich das Berliner Kaufhaus Wertheim zum Vorbild nahm.

Das Jugendstil-Kaufhaus musste 2009 in Folge der Hertie-Pleite schließen. Aber nun gibt es endlich wieder Hoffnung: 2016 soll das denkmalgeschützte Jugendstilgebäude als KadeO (Kaufhaus der Oberlausitz) wiedereröffnet werden. 2013 war es Kulisse für den Film *Grand Budapest Hotel*, der mit vier Oscars prämiert wurde.

Frauenkirche 8

Südlich des Jugendstil-Kaufhauses steht die spätgotische Frauenkirche. Ihr Vorgängerbau wurde im 14. Jahrhundert als Kirche eines Frauenhospitals erbaut. Kirche und Spital lagen damals noch außerhalb der Stadtmauern und wurden in den Hussitenkriegen (1429–1435) zerstört.

Die neu erbaute, dreischiffige Hallenkirche wurde 1473 geweiht, 1735 bekam der Westturm seine Barockhaube mit Laterne aufgesetzt.

Am Äußeren der Frauenkirche ist der reiche figürliche Schmuck über dem paarigen **Westportal** sehenswert. Dargestellt ist die Verkündigungsszene. Im Inneren der Frauenkirche beeindruckt das feingliedrige **Netzrippengewölbe**. Die **Orgelempore** aus Sandstein ist schwalbennestartig angebracht, großartige Steinmetzkunst aus dem 15. Jahrhundert.

Auch politisch war die Frauenkirche von Bedeutung: Hier versammelte sich im Herbst 1989 die Gemeinde zu den Friedensgebeten der Vorwendezeit.

Mai–Okt. Mo–Sa 10–18, sonst 10–12 Uhr |
Mittagsrast mit Orgelmusik: Mo–Sa 12–12.16 Uhr

Postplatz

Südlich der Frauenkirche erstreckt sich der großzügig angelegte Postplatz. Hier wurde noch bis 1845 der städtische Viehmarkt abgehalten. Beeindruckend ist vor allem der Zierbrunnen von 1887 in der Mitte des Platzes, den der Volksmund **Muschelminna** 9 nennt. Das Meisterwerk im Neorenaissancestil ist eine Arbeit des Berliner Bildhauers Robert Toberentz (1849–1895). Die bronzene und spärlich bekleidete Flora, die Muschelminna, hatte man im Krieg für Rüstungszwecke eingeschmolzen. Die Kopie steht erst seit den 90er Jahren wieder auf dem Postplatz. Die vier um den Brunnen sitzenden Skulpturen aus Carrara-Marmor stellen Allegorien der Kraft, der Veränderlichkeit, des Nutzens und der Romantik dar.

An der Ostseite des Platzes erstreckt sich seit 1889 das Görlitzer **Hauptpostamt.** Das hufeisenförmige Gebäude, nach dem der Postplatz benannt ist, ging aus dem Kaiserlichen Post- und Telegrafenamt hervor.

An der Nordseite des Postplatzes steht das 1863 erbaute **Geschäftshaus** des Kaufmanns Eduard Schulze. Auffällig ist die klassizistisch gestaltete Fassade mit ihrer Loggia, die von vier weiblichen Figuren, sogenannten Karyatiden, getragen wird.

An der nordwestlichen Seite des Platzes schließt sich seit 1865 das Preußische Kreisgericht an, heute das Görlitzer Amtsgericht. Seine Gerichtssäle wurden 2002 restauriert. Die übrigen Wohn- und Geschäftsbauten am Postplatz stammen aus dem 19. Jahrhundert, als sich Görlitz nach Süden hin ausdehnte.

Muschelminna wird die römische Göttin auf dem Postplatz auch genannt

Kleinod der Jugendstilarchitektur: Die Straßburg-Passage

PAUSE

Einen schönen Blick über den Postplatz hat man von der kleinen Terrasse der **Brasserie** (▶ Seite 44) an der südlichen Platzseite.

Drei Straßen gehen vom Postplatz nach Süden ab, fast schnurgerade in Richtung Görlitzer Bahnhof und streng symmetrisch geordnet. Schließlich entstand die Stadterweiterung planmäßig auf dem Reißbrett. Wir nehmen zunächst die **Jakobstraße,** in der das goldene Jugendstilportal des Hauses Nummer 5 besonders sehenswert ist, und erreichen schon bald den **Wilhelmsplatz.**

Wilhelmsplatz

Der größte Platz der Stadt hieß ursprünglich Neumarkt und diente damals als Heumarkt. Zu Ehren des deutschen Kaisers Wilhelm I. fand sofort nach dem siegreichen Krieg gegen Frankreich 1871 die Umbenennung statt. Von 1945 bis 1990 war das große urbane Rechteck als Karl-Marx-Platz ausgeschildert. Rasen, bunte Blumen und Bänke in Sitznischen schmücken den Platz, rundherum großartige Gründerzeitbebauung. An der Ostseite steht ein **Mahnmal für die Opfer des Faschismus,** 1948 aufgestellt, an der Nordseite die alte Provinzial-Gewerbeschule von 1873, das heutige Curie-Gymnasium.

Straßburg-Passage 10

Schräg gegenüber dem Wilhelmsplatz liegt der Eingang zur Straßburg-Passage. Dieses Kleinod der Jugendstilarchitektur erinnert an die Einkaufsmeilen großer Handelsstädte und wird gerne mit Passagen wie Specks Hof oder der berühmten, allerdings mehrgeschossigen Mädler-Passage in Leipzig verglichen. Beeindruckend sind die beiden mit weiblichen Gewandfiguren verzierten Eingänge und der große Lichthof.

1908 ließ der Textilhändler Otto Straßburg die Passage bauen, als Verbindung zwischen seinen Geschäften in der Berliner Straße und in der Jakobstraße. Zu DDR-Zeiten hieß der Fußgängerdurchgang HO-Passage, gehörte also zur volkseigenen Handelsorganisation. Heute finden sich in der Ende der 90er Jahre sanierten Passage Geschäfte unterschiedlichster Branchen.

Berliner Straße

Durch die Straßburg-Passage gelangt man zur Berliner Straße. Die kerzengerade Straße entstand Ende des 19. Jahrhunderts und ist die Einkaufsstraße von Görlitz: Straßenbahnen der Linien 2 und 3 tuckern hier in Richtung Bahnhof und zur Landeskrone, Fußgänger bummeln, Autos müssen draußen bleiben. Gründerzeit- und Jugendstilfassaden dominieren das Straßenbild, die meisten von ihnen schön restauriert. Einige zeigen sich jedoch noch immer marode. Richtung Bahnhof erinnern allmählich verblassende Schriftzüge über mit Hölzern verbarrikadierten Schaufenstern an längst vergangene, realsozialistische Tage.

PAUSE

Gemütlich im Kaffeehausstil eingerichtet ist das **Schwerdtners Café Central** (▶ Seite 44), ideal an der Ecke zur Salomonstraße gelegen.

Jugendstil-Bahnhof

Der Boulevard führt direkt auf den **Görlitzer Bahnhof** zu. Der erste Bahnhof der Stadt wurde schon 1847 errichtet, mit Anschluss an die sächsische und die preußische Bahn. Damals lag das Gebäude noch weit außerhalb des Stadtzentrums. Als man an gleicher Stelle zwischen 1913 und 1917 einen Nachfolger baute, hatte sich die neue Innenstadt längst bis hierher und noch weiter südlich ausgedehnt. Werfen Sie unbedingt einen Blick in das Innere dieses stattlichen Gebäudes: Herrlich dekorierter Jugendstil in der Bahnhofshalle, wunderbar verzierte Leuchter hängen von der gewölbten Decke. Die ursprüngliche Ausmalung der Halle hat man 1984 wieder freigelegt.

Augustastraße

Vom Bahnhof führt die Bahnhofstraße in östliche Richtung, links zweigt bald die Augustastraße ab. Hier findet man sich mitten im beeindruckenden Görlitzer Gründerzeitviertel wieder: große Etagenwohnungen, Balkone, Loggien, Ecktürme, stilvoll geschmückte Erker, ausgemalte und stuckverzierte Treppenaufgänge und Einfahrten, feinster Jugendstil mit reizvollen Fassadendetails. Die Augustastraße besticht durch ihre glanzvolle Bebauung, hier sind neben den schön restaurierten Fassaden auch noch einige Hausportale sehenswert. Aber auch die Parallelstraßen Jakob- und Konsulstraße glänzen mit Gründerzeitcharme.

Stadthalle 11

Die Augustastraße führt zurück zum Wilhelmsplatz. Dort geht es rechts über die Blumenstraße zur Dr.-Kahlbaum-Allee. Östlich der Allee erstreckt sich der kleine **Park des Friedens.** Mitten im Park steht ein Denkmal des Görlitzer Gelehrten Jakob Böhme. Johannes Pfuhl modellierte es 1898.

Ein Stück in nördlicher Richtung entlang der Dr.-Kahlbaum-Allee zweigt rechts die Straße Am Stadtpark ab. Kurz vor dem Grenzübergang steht dort, am Rande des Stadtparks, die Görlitzer **Stadthalle.** Das überaus pompöse Gebäude im Jugendstil stammt aus dem Jahre 1910, entworfen hat es der Architekt Bernhard Sehring. Das denkmalgeschützte Haus wurde für Kulturveranstaltungen und vor allem für die beliebten Schlesischen Musikfeste erbaut, die von 1880 bis 1942 in Görlitz stattfanden. Der große Saal bietet Platz für bis zu 2 500 Personen. Zum Interieur der Halle gehört außerdem ein wahres Prunkstück: die spätromantische Konzertorgel des berühmten Orgelhofbaumeisters Wilhelm Sauer aus Frankfurt an der Oder. Sie zählt zu den weltweit wertvollsten Orgeln ihrer Art.

Ende 2004 wurde die Halle aus wirtschaftlichen Gründen und Brandschutzmängeln geschlossen. Seither kümmert sich eine Bürgerinitiative um die Wiedereröffnung des Gebäudes und plant hier einen Ort der Völkerverständigung.

Meridianstein 12

Nur knapp 50 Meter westlich der Stadthalle liegt der **Meridianstein.** Die steinerne Weltkugel mit bronzenem Richtungspfeil zeigt den Verlauf des 15. Längengrades an, an der die mitteleuropäische Zeit bestimmt wird. Er verläuft exakt an dieser Stelle durch Görlitz. Der Meridianstein wurde 1961 zu Ehren des sowjetischen Kosmonauten Juri Gagarin anlässlich seines ersten bemannten Weltraumfluges eingeweiht.

Stadtpark

Gleich neben Stadthalle und Meridianstein erstreckt sich der Stadtpark. Aus dem Jahre 1834 stammt der erste Plan, einen Park in Görlitz anzulegen. Auf Bitten des Magistrats der Stadt kümmerte sich 1855 kein Geringerer als der preußische Garten-

Der Bahnhof von Görlitz – ein Jugendstil-Schmuckstück

Die prunkvolle Decke der Neuen Synagoge in der Otto-Müller-Straße

direktor Peter Joseph Lenné um eine mögliche Gestaltung, seine grünen Ideen scheiterten jedoch am schnöden Mammon. In den folgenden Jahrzehnten entstand trotzdem ein schöner englischer **Landschaftsgarten am Neißeufer,** mit weiten Rasenflächen, Laub- und Nadelbäumen, Denkmalen, einer Rosenterrasse und einem Teich. Seit Kurzem hat der Stadtpark auch für die Kleinen Großartiges zu bieten: Der großzügig angelegte **Abenteuerspielplatz** befindet sich im nördlichen Teil des Parks. Unter Platanen im Westteil, an dem Platz mit dem Wasserbecken und der Brunnenplastik *Fischende Knaben*, steht ein **Denkmal für Alexander von Humboldt.** Der Naturforscher zählt zu den berühmtesten Mitgliedern der in Görlitz ansässigen Oberlausitzischen Gesellschaft der Wissenschaften. Die Büste wurde 1871 als Replik einer Arbeit des Bildhauers Christian Daniel Rauch angefertigt. Das Original steht in Berlin.

Neue Synagoge 13

Der nordwestliche Ausgang des Stadtparks mündet in die Joliot-Curie-Straße. Hier stehen beeindruckende Jugendstilgebäude Spalier. Die Verlängerung des Lindenwegs, der die Joliot-Curie-Straße kreuzt, führt links zur Neuen Synagoge in der Otto-Müller-Straße. Das jüdische Gotteshaus der Dresdner Architekten Lossow & Kühne wurde 1909 bis 1911 errichtet, nachdem der Vorgängerbau von 1853 für die stetig anwachsende Gemeinde zu eng geworden war. Die Neue Synagoge wurde mit Jugendstilelementen und einer markanten Kuppel ausgestattet. In der Pogromnacht vom 9. zum 10. November 1938 schändeten und brandschatzten die Nazis die Synagoge, das Gebäude überstand den Anschlag aber einigermaßen glimpflich. Wie es heißt, weil ein hoher SS-Mann nebenan wohnte und deshalb vorsichtshalber die Feuerwehr alarmierte. Nach 1945 lebten keine Juden mehr in Görlitz, ihre Gemeinde war durch Krieg, Vertreibung und Ermordung ausgelöscht worden. Im Jahre 1963 kaufte die Stadt die Synagoge von der Jüdischen Gemeinde Dresden und erklärte sie zum Kulturdenkmal. Trotzdem verfiel das eindrucksvolle Haus allmählich. 1991 begannen die langwierigen Sanierungsarbeiten, zwischenzeitlich fanden in der Baustelle Konzerte, Lesungen und Diskussionsveranstaltungen statt. Der damalige Außenminister Joschka Fischer hielt hier eine medienwirksame Laudatio. Seit 2008 dient das ehemalige Gotteshaus als Europäisches Informations- und Bildungszentrum.

Geöffnet zu Veranstaltungen | www.synagoge-goerlitz.de

Johannes-Wüsten-Denkmal

Die Otto-Müller-Straße mündet in die Struvestraße. Rechts geht es über die Joliot-Curie-Straße in die Johannes-Wüsten-Straße. Direkt an der Ecke steht dort ein Denkmal für den expressionistischen Görlitzer Maler, Schriftsteller und Kupferstecher Johannes Wüsten, der in der renommierten „Görlitzer Künstlerschaft" lehrte. 1942 wurde der antifaschistische Künstler von den Nazis zu 15 Jahren Haft verurteilt, ein Jahr später starb er im Zuchthaus Brandenburg-Görden an Tuberkulose. Schöne, gründerzeitliche Wohnhäuser, allesamt frisch restauriert, säumen den Verlauf der leicht bergab in Richtung Neiße führenden Johannes-Wüsten-Straße.

Ochsenbastei 14

Von der Johannes-Wüsten-Straße führt links die Uferstraße Richtung Altstadtbrücke (▸ Seite 79). Etwa 100 Meter vor der Brücke passiert man links die Ochsenbastei. Sie schützte einen Nebeneingang der mittelalterlichen Stadtmauer, der 1834 abgerissen wurde. Ihren seltsamen Namen bekam die Bastei, weil hier der Weg von den Viehweiden zum Schlachthof entlangführte. Im Jahre 1963 hat man zwischen der inneren und der äußeren Stadtmauer, die sich an die Bastei anschloss, einen kleinen barocken Garten mit Rabatten, Ornamentbeeten und sechs Brunnenbecken angelegt. Man erreicht diesen **Ochsenzwinger** über eine Treppe am mittelalterlichen Turm nahe der Altstadtbrücke (▸ Seite 79). Über einen weiteren, sehr schmalen Treppenaufgang gelangt man zur oberen Gartenterrasse mit schier südländischem Flair. Da beeindrucken ein schöner Laubengang, Zitronenbäumchen und Schmucklilien. Von dort oben hat man einen schönen Blick über die Neiße und zu den Hoffassaden der angrenzenden Kränzelstraße.

Ochsenzwinger: Apr.–Okt. 8–21 Uhr

Inselwelten & Jugendstil: Entlang der Neiße in die Südstadt

▶ SPAZIERGANG

Start
Stadthalle

Ende
Goethestraße

Anfahrt
Bus B bis Haltestelle Mühlweg, Bus P bis Haltestelle Granica PLD

Rückfahrt
Tram 3 ab Goethestraße oder Fußweg zum Demianiplatz

Route
Stadthalle | Obermühle | Bahnviadukt | Weinlache | Oldtimer Parkeisenbahn | Landskronbrauerei | Goethestraße

Dauer
3 Stunden

Ausflugsvariante Radtour
Der Inselweg ist Bestandteil des Oder-Neiße-Radwegs. Fahrradverleih im Restaurant Obermühle.

Ein schöner Spaziergang führt vom Stadtpark zum beeindruckenden Bahnviadukt und weiter in die Südstadt mit ihren prachtvollen Jugendstilvillen. Auf dem Weg liegen die historische Obermühle, idyllische Teiche am Neißeufer, die Oldtimer Parkeisenbahn und die Landskronbrauerei.

Obermühle 1 & ★ Neißeviadukt 2

Die Obermühle, eine historische Wassermühle an der Neiße, ist heute ein beliebtes Ausflugsziel. Sie liegt am Tor zum Neißetal und an der Insel der Kobolde. Von der Stadthalle (▶ Seite 112) folgt man der Straße Am Stadtpark in westliche Richtung. Nach rund 150 Metern geht es links in die Parkstraße und weiter durch die Brückenstraße entlang des kleinen Park des Friedens (▶ Seite 112) zur Dr.-Kahlbaum-Allee. Nach knapp 200 Metern zweigt links die Straße An der Obermühle ab.

Schon im Jahre 1305 wird die Obermühle erstmals erwähnt. Seit der Wende dient der 1830 komplett neu errichtete Gebäudekomplex wieder als Ausflugsziel der Görlitzer. Von der herrlichen Sommerterrasse über der Neiße blickt man auf den riesigen **Bahnviadukt**, der das Flusstal überquert. Die Brücke wurde zwischen 1844 und 1847 aus rötlichem Granit erbaut. Sie ist 35 Meter hoch, 475 Meter lang und besitzt 30 Rundbögen. Drei Tage vor Kriegsende sprengten SS-Soldaten die Anlage, ab 1950 bauten polnische Bauarbeiter den Viadukt wieder auf. Heute ist es ein wichtiger Schienenverkehrsweg zwischen Deutschland und Polen.

Weinlache

Der **Inselweg** führt von der Obermühle unter dem Viadukt hindurch

Auch per Boot kann man die Weinlache erkunden – Verleih an der Obermühle

in eine wunderschöne Teichlandschaft mit kleinen und größeren Inseln, **Weinlache** genannt. Hier bleibt die Vegetation sich selbst überlassen, hier tummeln sich Schwanen- und Entenfamilien, Angler am Ufer hoffen auf Petris Heil. Die Inseln dürfen aus Naturschutzgründen nicht betreten werden, ausgenommen ist das Inselchen mit dem Steintisch. Der Weg endet nach rund 1,5 Kilometern am ehemaligen Volksbad. Von dort verläuft ein breiter und recht steiler Waldweg hinauf zum **Weinberg** mit dem 2007 stillgelegten Weinberghaus, einer Gaststätte im Tiroler Stil. Ihr Belvedere-Turm stammt aus dem Jahre 1890.

Görlitzer Oldtimer Parkeisenbahn 3

Auf dem Weinberg trifft man auch auf die beliebte Oldtimer Parkeisenbahn. Sie wurde 1975 von Hans Rüdiger Eulitz, einem Ingenieur des VEB Keramik Maschinenbau Görlitz, für die Kinder der Stadt erbaut. Die Idee kam Eulitz am Biertisch. Ihm schwebte eine Nachbildung der legendären Adler vor, der Lokomotive, die 1835 als erste deutsche Eisenbahn von Fürth nach Nürnberg dampfte.

Das Bähnchen fährt auf einem 800-Meter-Rundkurs durch das reizvolle Waldgebiet des **Schellergrunds.** Die kleine Parkanlage wurde in den 1930er Jahren auf Geheiß des Direktors der Landskronbrauerei, Theodor Scheller, rund um sein Brauhaus angelegt. Hier, inmitten von bewaldeten Hängen und Wiesenflächen, lässt es sich wunderbar wandern. Ein großes Spielgelände gibt es außerdem.

An der Landskronbrauerei 118 | (0 35 81) 40 70 90 | www.goerlitzerparkeisenbahn.de | Apr.–Ende Okt. Sa 13.30–18 Uhr, So/Fei 10–18 Uhr, Juli/Aug. auch Mi 10–17 Uhr. Der Fahrbetrieb ist witterungsabhängig | 2 € / Kinder (3–14 Jahre) 1 € / Familienticket (2 Erw. und 2 Kinder) 5,50 €

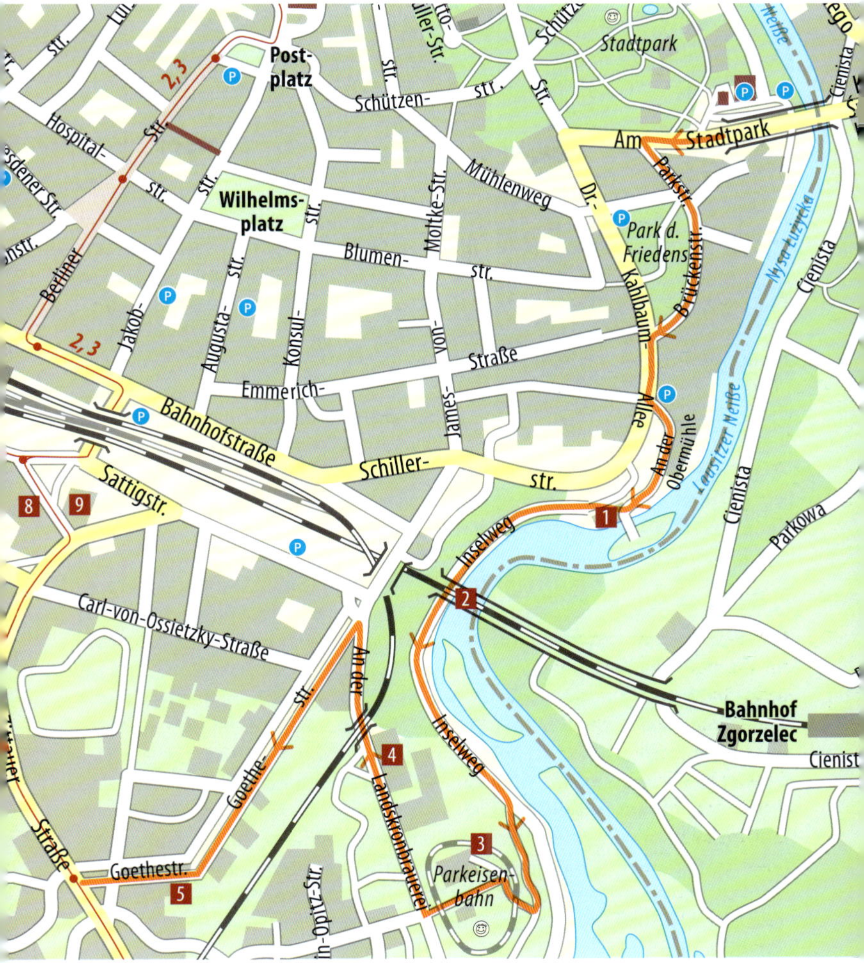

Landskronbrauerei 4

Durch dichten Buchenwald geht es in westlicher Richtung durch den Schellergrund zur Straße An der Landskronbrauerei. Dort hält man sich rechts. Wie der Name schon vermuten lässt, steht hier das backsteinrote Brauhaus des berühmten Görlitzer Bieres. Noch heute lagert der Gerstensaft hier in bis zu 18 Meter tiefen Gewölbekellern und reift dort 40 Tage und mehr, länger als sonst üblich. Das Brauereigebäude steht mittlerweile unter Denkmalschutz.

An Bier herrschte in Görlitz schon im Mittelalter kein Mangel, schließ-

Das Gebäude der Landskronbrauerei steht mittlerweile unter Denkmalschutz

lich verfügten alle Görlitzer Patrizier – und das waren nicht wenige – über das Brau- und Schankrecht. Allerdings soll ein krasses Missverhältnis zwischen Nachfrage und Angebot bestanden haben, sehr zuungunsten der Qualität des Gerstensaftes. Womöglich führte dieser Umstand 1869 zu dem Erlass des preußischen Königs und späteren Kaisers Wilhelm I., in dem die Gründung der Görlitzer Aktienbrauerei ausdrücklich genehmigt wurde. Im Jahre 1882 bekam diese den Namen Landskronbrauerei. Das neue Bier kam gut an und verkaufte sich bald bis nach Breslau und Hamburg.

Nach ihrer Restaurierung im Jahr 1997 hat sich die Landskronbrauerei zu einem bedeutenden kulturellen Zentrum von Görlitz entwickelt. Die **KULTurBRAUEREI** bietet Platz für 1 300 Personen, hier finden regelmäßig Konzerte, Ausstellungen, Seminare und große Feiern statt. Jährlicher Höhepunkt ist das **Landskron Braufest** im Juni.

An der Landskronbrauerei 116 | (0 35 81) 465-0 | www.landskron.de | Brauerei-Rundgänge: 0,33-Liter-Tour: 45 Min., mit Verkostung und Snacks, 7 € | 0,5-Liter-Tour: 90 Min., mit Verkostung, Imbiss, Souvenir, 11 € | Bierfiedler-Tour: 2,5 Std., Besichtigung der historischen Anlage bei nächtlichem Fackelschein, Begrüßung der Teilnehmer durch Braumeister und Bierfiedler in historischen Kostümen, Preis nach Vereinbarung | Gaststätte Braustübl mit großem Biergarten

Goethestraße

Die Straße An der Landskronbrauerei mündet links in die Goethestraße. Alleeartig schwingt sie sich durch den östlichen Teil der Südstadt. Wohnhäuser und noble Villen der Gründerzeit und des Jugendstils säumen die Goethestraße. Besonders prächtig sind die Häuser Nummer 1, 4 und 5. Das grandiose Gebäude Goethestraße 17 ist das **Ephraim-Palais** 5. Es ist nach dem Kommerzienrat und Eisenwarenhändler Martin Ephraim benannt, der es 1905 auf einem großen Hanggrundstück für sich und seine Familie bauen ließ – außen und innen mit purem Jugendstil ausgestattet! Architekt des Palais war Hugo Behr. Der renommierte Baumeister gliederte die zweigeschossige Villa mit Loggien, Balkonen, Terrassen, Erkern, Fachwerkgiebeln und einem achteckigen Turm. Zwischenzeitlich als Jugendherberge genutzt, eröffnete hier 2011 ein Hotel (www.alte-herberge.eu).

Die Goethestraße führt zur Zittauer Straße. Von dort bringt die Straßenbahnlinie 3 (Haltestelle Goethestraße) müde Spaziergänger bequem zum Demianiplatz.

Südstadt: Weitere Sehenswürdigkeiten

Für Jugendstil-Liebhaber

In der Erich-Mühsam-Str. 1 steht die evangelische **Kreuzkirche** 6. Das Gotteshaus ist ein markantes Baudenkmal der deutschen Architektur des frühen 20. Jahrhunderts, es besitzt Elemente aus dem Jugendstil und dem Neoklassizismus. Die Kreuzkirche wurde 1916 eingeweiht. Den **Kreuzkirchenpark** gleich gegenüber legte man im gleichen Jahr als Erholungsraum für das neue Wohngebiet an.

Der Jüdische Friedhof ist einen Abstecher abseits der Route wert

Für Romantiker

Der zum Teil melancholisch mit Efeu überwucherte **Jüdische Friedhof** 7 liegt an der Biesnitzer Straße. Er wurde 1849 angelegt, nachdem zwei Jahre zuvor die jüdische Gemeinde in Görlitz (wieder) gegründet worden war. Aus dem 19. Jahrhundert sind noch zahlreiche Grabsteine sowie die Friedhofshalle erhalten. Ein Mahnmal für die 323 im KZ Biesnitzer Grund (▸ Seite 19) ermordeten und hier bestatteten jüdischen Häftlinge hat man 1951 eingeweiht.

geöffnet So–Do 7–18 und Fr 7–14 Uhr

Für Orgelfreunde

Das rote Backsteingebäude der katholischen **Kirche St. Jakobus** 8 südlich des Bahnhofs wurde 1900 neugotisch gebaut. Die neue Orgel ertönt seit 1989 und ist eine Arbeit der renommierten Bautzener Firma Eule. Nach der Errichtung des Bistums Görlitz erhob man St. Jakobus 1994 in den Rang einer Kathedrale.

Gleich gegenüber von St. Jakobus, in der Zittauer Straße 1, steht die kleine **Heilig-Geist-Kirche** 9. Sie ist Sitz der altlutherischen Kirchengemeinde und wurde 1905/06 gebaut, unverkennbar sind Einflüsse des Jugendstils. Ihre Inneneinrichtung stammt gänzlich aus der abgebrochenen Görlitzer Hospitalkirche.

Über die Altstadtbrücke nach Polen: Zgorzelec

▶ SPAZIERGANG

Start & Ende
Altstadtbrücke

Route
Altstadtbrücke | Uferstraße Daszyńskiego | Städtisches Kulturhaus | St. Bonifatius Kirche | Wochenmarkt | 20er-Jahre-Wohnviertel | Altstadtbrücke

Dauer
3–4 Stunden

Praktische Tipps Zgorzelec
▶ Seite 55

Während in Görlitz die Touristen durch die hübsch sanierte Altstadt ziehen, sind es in Zgorzelec (*sgo' sche lez*) die Einheimischen, die die Straßen mit den zahlreichen Geschäften, den Minimärkten auf den breiten Trottoirs und den kleinen Einkaufspassagen mit Leben füllen. Zum Teil sind die Gründerzeitgebäude hier in miserablem Zustand, vielerorts wird jedoch kräftig renoviert. Zgorzelec ist eine lebendige Stadt, eine Stadt der Kontraste und des Umbruchs.

Dreiradenspeicher 1

Direkt links neben der Altstadtbrücke steht der auffällige Dreiradenspeicher am östlichen Neißeufer. Er wurde 1938 als Getreidesilo für die historische Dreiradenmühle nebenan errichtet. In der Mühle wurde ab 1273 Getreide für Görlitz gemahlen, zwischenzeitlich diente sie auch als Walkmühle für die Gerber der Stadt. Von dem alten Mühlengebäude existiert heute nur noch der Rest neben dem Dreiradenspeicher, der das Restaurant Piwnica Staromiejska (▶ Seite 57) beherbergt. Der turmartige Dreiradenspeicher ist dagegen vollständig erhalten. Eine Schönheit ist er nicht gerade, aber er gilt als eines der Wahrzeichen der Stadt Zgorzelec. Vor ein paar Jahren hat man den grauen Koloss mit einem riesigen, grellbunten Kopf der Göttin **Europa** ein wenig aufgehübscht.

PAUSE

Sehr zu empfehlen ist gleich neben dem Dreiradenspeicher das **Restaurant Piwnica Staromiejska** in der historischen Dreiradenmühle (▶ Seite 57).

Am Töpferberg

Hinter dem Neißeufer steigt der Töpferberg an. Am oberen Teil des Hangs türmen sich monotone Riesenblocks aus Betonplatten auf. Nach dem Zweiten Weltkrieg hatte man dort kräftig „entkernt", viel alte Bausubstanz abgerissen und stattdessen diese Hochhauskästen errichtet. Mittlerweile hat offenbar ein Um-

Im Zentrum von Zgorzelec (ul. Daszyńskiego), im Hintergrund der Rathausturm in Görlitz

denken eingesetzt. Am Fuße des Töpferberges und direkt an der Neiße entstand ein neues, architektonisch sehr ansprechendes Viertel, das mit historisierenden Fassaden dem ehemaligen Vorkriegs-Stadtbild am östlichen Neißeufer entspricht. Unmittelbar vor diesen Neubauten steht eine Kopie der **Kursächsischen Postmeilensäule** von 1725. Die Sandsteinsäule auf dem Dach eines Brunnenhauses stand ursprünglich vor dem Stadttor auf der westlichen Flussseite, dem Neißtor, und wurde 1827 hierher umgesetzt.

Jakob-Böhme-Haus (Dom Jakuba Böhme) 2

Auch an der Uferstraße Daszyńskiego südlich der Altstadtbrücke stehen mittlerweile schön restaurierte Gebäude in den Görlitzer Farben Rosé und Rot-Gelb. Das kleinste von ihnen, das Haus mit der Nummer 12, war von 1599 bis 1610 die Wohn- und Arbeitsstätte von Jakob Böhme (▶ Seite 128). Ein Flachrelief aus dem Jahre 1924 erinnert an den Schuhmachermeister und späteren Theosophen. Als Böhme das Gebäude an der Neiße kaufte, sah es noch anders aus, es wurde mehrmals umgebaut.

Man kann das Jakob-Böhme-Haus besichtigen. Im Erdgeschoss befinden sich eine Galerie und ein Atelier. Ein Raum im ersten Stock ist als **Gedenkstube für Jakob Böhme** eingerichtet. Ausstellungen und Vernissagen finden im zweiten Stock statt. Außerdem hat hier die Gesellschaft Euroopera ihren Sitz, die sich für Renovierungen in Zgorzelec, Lesungen, Veranstaltungen und kulturelle Begegnungen engagiert.

Ul. Daszyńskiego 12 | Di–Do 12–14, Fr–So 12–17 Uhr

PAUSE

Die **Pizzeria Espresso** (▶ Seite 57) links neben dem Böhme-Haus hat nicht nur eine ansprechende Speisekarte, sondern auch eine wunderbare Terrasse mit Blick auf die Neiße und die Peterskirche.

Museum der Lausitz (Muzeum Łużyckie) 3

Gleich neben dem Jakob-Böhme-Haus, im Haus mit der Nummer 15, ist seit 2007 das Museum der Lausitz untergebracht. Es zeigt eine interessante Dokumentation der Regionalgeschichte, der Kultur und des Alltagslebens der Menschen in der polnischen Oberlausitz. Das viergeschossige Handwerkerhaus mit den zwei Dachgauben stammt aus dem 18. Jahrhundert, sein Kern ist jedoch deutlich älter.

Ul. Daszyńskiego 15 | Mo–Fr 8–16 Uhr, Mi 10–18 Uhr (freier Eintritt), 1. Sa/So im Monat 12–16 Uhr (freier Eintritt)

Bulwar Grecki 4

Ein Stück weiter südlich entlang der ul. Daszyńskiego hat man 2009 eine begrünte Uferpromenade, den Bulwar Grecki, angelegt.

Er erinnert an die etwa 9 000 Griechen, die nach dem Ende des dortigen Bürgerkriegs 1949 ihre Heimat verlassen mussten und in Zgorzelec Zuflucht fanden. Die sozialistische Volksrepublik Polen nahm insgesamt über 15 000 Griechen auf, die als kommunistische Partisanen gekämpft hatten. Die Mehrzahl von ihnen wurde in Zgorzelec angesiedelt, wo die Häuser der vertriebenen Deutschen (▶ Seite 23) leer standen. Die meisten Griechen kehrten in den 80er Jahren wieder in ihre Heimat zurück – einige aber blieben. Sie errichteten 2003 die kleine griechisch-orthodoxe Kirche in Zgorzelec (▶ Seite 129).

▶ SEHENSWÜRDIGKEITEN

1 Dreiradenspeicher
2 Jakob-Böhme-Haus
3 Museum der Lausitz
4 Bulwar Grecki
5 Städtisches Kulturhaus
6 St. Bonifatius Kirche
7 Wochenmarkt
8 Griechisch-orthodoxe Kirche

An der Neiße: Die Uferpromenade in Zgorzelec von Görlitz aus

Städtisches Kulturhaus (Miejski Dom Kultury) 5

Der Bulwar Grecki führt in zehn Gehminuten direkt am Flussufer entlang zur **Neißebrücke.** Von hier aus ist die patinierte Kupferkuppel des Städtischen Kulturhauses in der Ul. Wolności zu sehen. Ein Parkpfad schlängelt sich dorthin hoch.

Ganz im Sinne des wilhelminischen Zeitgeistes – monumental und pompös – entwarf der Architekt Hugo Behr 1897 die Oberlausitzer Ruhmeshalle zu Ehren der deutschen Kaiser Wilhelm I. und Friedrich III. Sie dient heute als Städtisches Kulturhaus von Zgorzelec. Bei der feierlichen Einweihung des neoklassizistischen Gebäudes war Kaiser Wilhelm II. zugegen, die Eröffnung des Kaiser-Friedrich-Museums und der Gemäldegalerie erfolgte 1904.

Seit 1948 dient die einstige Ruhmeshalle als Veranstaltungsort für Konzerte, Theater- und Kinoaufführungen sowie Ausstellungen. Hier wurde am 6. Juli 1950 der Grenzvertrag zwischen der Volksrepublik Polen und der DDR unterzeichnet, der den Verlauf der Oder und der Lausitzer Neiße als Staatsgrenze zwischen beiden Ländern sanktionierte. Mehr als 40 Jahre später, am 5. Mai 1998, unterschrieben die Stadträte der beiden Neißestädte in diesem Gebäude einen weiteren deutsch-polnischen Vertrag: die gemeinsame Proklama-

tion von Görlitz und Zgorzelec zur internationalen Europastadt.

Charakteristisch für die Ruhmeshalle sind ihre 42 Meter hohe Kuppel und ihr Säulengang, beide dem Berliner Reichstag nachempfunden. Hugo Lederer schuf die Figurengruppen an der Schaufassade, die linke heißt *Krieg*, die rechte *Frieden*. Es lohnt, einen Blick ins Innere des Gebäudes zu werfen. Schon die 21 Meter hohe Eingangshalle ist beeindruckend. Daneben kann man die Konferenzsäle besichtigen und es gibt eine interessante Galerie mit zeitgenössischer Kunst.

Die deutschen Inschriften wurden nach 1945 übertüncht, die Gemäldesammlung ist verschollen und die kaiserlichen Standbilder vor dem (noch vorhandenen) Sonnenmosaik hat man nach dem Krieg demontiert.
Mo–Fr 8–20, Sa/So 12–20 Uhr (Achtung: Bis 14 Uhr muss der Seiteneingang benutzt werden.) | Eintritt frei

St. Bonifatius Kirche 6

Das Kulturhaus wird von einer schönen, weitläufigen Parkanlage, dem **Park Odrodzonego Wojska Polskiego**, mit großem Teich und Freilichtbühne eingerahmt. Parkwege führen östlich über die ul. Stanisława Konarskiego zur ul. Dąbrowskiego. An der Ecke ul. Emilii Plater steht die katholische **Kirche St. Bonifatius.** Sie wurde 1929 als Garnisonkirche errichtet, denn in der Nähe lagen meh-

Jakob Böhme: Schuhmacher & Philosoph

Jakob Böhme erblickte 1575 als Sohn eines armen Bauern in Alt-Seidenberg bei Görlitz das Licht der Welt. Weil der Bub für die harte Feldarbeit zu schwächlich gebaut war, lässt man ihn lieber zum Schuhmacher ausbilden. Nach einigen Wanderjahren kauft Böhme am Görlitzer Neißeufer ein Haus und gründet eine Familie.

Ohne jegliche akademische Vorkenntnisse beginnt der Schuster im Jahre 1612 eine philosophische, aber sehr bildhafte und kraftvolle Abhandlung zu schreiben, die er *Aurora oder die Morgenröte im Aufgang* betitelt. Er will zwar seine Arbeit nicht veröffentlichen, die Handschrift wird trotzdem von einigen Freunden kopiert und verbreitet. Zahlreiche Schriften folgen in kurzen Abständen. Noch zu seinen Lebzeiten beginnt sein schriftstellerisches Schaffen Früchte zu tragen – wöchentlich trifft sich in seiner Werkstatt eine ansehnliche Anhängerschaft von Gelehrten, die – wie er selbst – den noch jungen Protestantismus schon als dogmatisch erstarrt betrachten. Zu seinem größten Gegner wird der skrupellose Görlitzer Oberpfarrer Gregor Richter. Noch auf seinem Sterbebett im November 1624 muss sich Böhme einem Kreuzverhör stellen, bevor man ihm die letzte Ölung gewährt.

Die Kernaussage von Böhmes Philosophie ist, dass in allem ein Widerspruch lebt, Gutes und Böses. Rund 200 Jahre nach seinem Tod kommt es zu einer Böhme-Renaissance: Die deutschen Romantiker um Novalis und Ludwig Tieck schwärmen von ihm als „Träger einer geheimen Offenbarung". Der große Philosoph Friedrich Hegel nennt ihn gar den „ersten deutschen Philosophen" und entdeckt dialektische Züge in Böhmes Vereinigung aller Gegensätze in Gott. Als „Philosophus teutonicus" geht Böhme in die Wissenschaftsgeschichte ein.

rere Görlitzer Kasernen. Im Zweiten Weltkrieg diente das schlichte Gotteshaus als religiöses Zentrum für polnische Kriegsgefangene, die man in einem Lager nahe den Kasernen inhaftiert hatte. Gleich neben der Kirche befindet sich heute der Busbahnhof von Zgorzelec (Dworzec PKS).

Wochenmarkt (Mały Rynek) 7

Über die ul. Emilii Plater geht es links in die ul. Bohaterów Getta. Dort zweigt rechts die geschäftige ul. Stefana Okrzei ab. Sie führt geradeaus über die ul. Kazimierza Pułaskiego zur ul. Romualda Traugutta. An dieser Ecke liegt der größte Wochenmarkt der Stadt, der Mały Rynek. Auf diesem kunterbunten Freiluftmarkt wird alles nur erdenklich Nützliche feilgeboten – von Obst und Gemüse, Wurst und Fisch über Kleidung, Schuhe, Parfümerieprodukte und Lederartikel bis hin zu Haushaltswaren, CDs, Spielzeug und Gartenutensilien.

Mo–Fr 9–17, Sa 9–14 Uhr

20er-Jahre-Wohnviertel

Überquert man die ul. Romualda Traugutta, gelangt man zur ul. Fryderyka Chopina. Sie führt geradeaus in den mit Linden gesäumten Park **Paderewskiego.** Ein ruhiges, grünes Idyll inmitten der Stadt. Dort hält man sich links, überquert die viel befahrene ul. Tadeusza Kościuszki und gelangt zur ul. Stefana Żeromskiego. Sie verläuft abwärts durch eine **Wohngegend** mit Ein- und Zweifamilienhäusern aus den 1920er und 1930er Jahren, gepflegten Vorgärten und viel Grün. Ein unerwarteter Kontrast zur Bebauung im Zentrum. Links führt die ul. Andrzeja Struga schließlich steil hinunter und zurück zum Bulwar Grecki an der Neiße. Von dort ist es nicht weit zurück zur Altstadtbrücke.

Griechisch-orthodoxe Kirche 8

Von der Altstadtbrücke lohnt ein kurzer Abstecher zum griechisch-orthodoxen Kirchlein auf der Anhöhe des Töpferberges. Die kleine, aus Kiefernbalken gezimmerte Kirche mit Zwiebelturm wurde 2003 für die griechischen Bürgerkriegsflüchtlinge und ihre Nachkommen errichtet, die nicht in ihre Heimat zurückgekehrt sind (▶ Seite 124). Die Kirche steht fünf Gehminuten nordöstlich der Altstadtbrücke. An der Brücke geht es zunächst links und dann die ul. Wrocławska bis zur ul. Lubańska hinauf.

An der Uferpromenade in Zgorzelec

Ausflüge

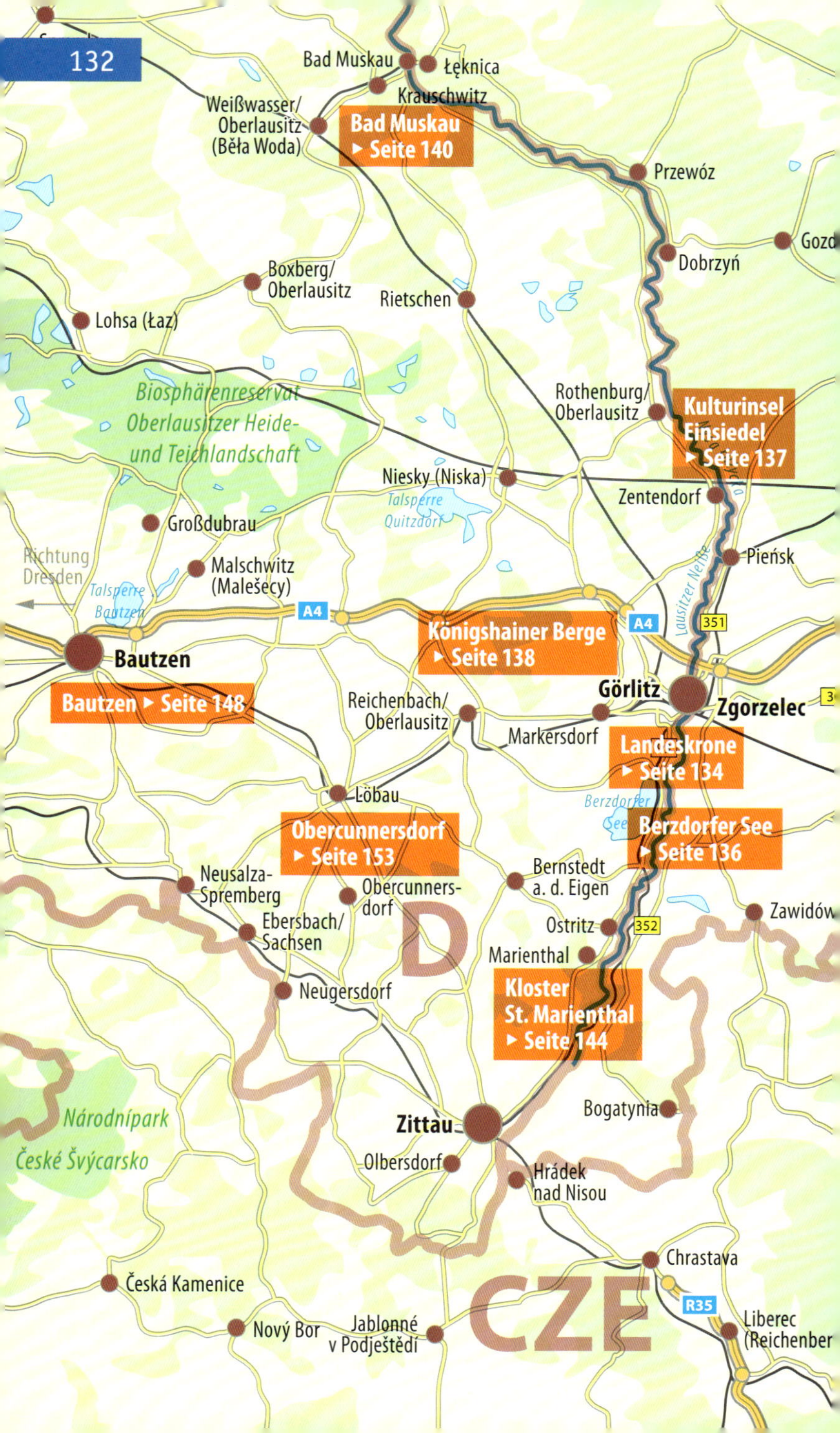

Bad Muskau
Łęknica
Krauschwitz
Weißwasser/
Oberlausitz
(Běła Woda)
Bad Muskau
▸ Seite 140
Przewóz
Gozd
Dobrzyń
Boxberg/
Oberlausitz
Rietschen
Lohsa (Łaz)
Biosphärenreservat
Oberlausitzer Heide-
und Teichlandschaft
Rothenburg/
Oberlausitz
Kulturinsel
Einsiedel
▸ Seite 137
Niesky (Niska)
Talsperre
Quitzdorf
Zentendorf
Großdubrau
Richtung
Dresden
Malschwitz
(Malešecy)
Talsperre
Bautzen
Pieńsk
Lausitzer Neiße
A4
A4
351
Königshainer Berge
▸ Seite 138
Bautzen
Bautzen ▸ Seite 148
Reichenbach/
Oberlausitz
Görlitz
Zgorzelec
Markersdorf
Landeskrone
▸ Seite 134
Löbau
Berzdorfer
See
Berzdorfer See
▸ Seite 136
Obercunnersdorf
▸ Seite 153
Neusalza-
Spremberg
Obercunners-
dorf
Bernstedt
a. d. Eigen
Ebersbach/
Sachsen
Ostritz
352
Zawidów
D
Marienthal
Neugersdorf
Kloster
St. Marienthal
▸ Seite 144
Národnípark
České Švýcarsko
Zittau
Bogatynia
Olbersdorf
Hrádek
nad Nisou
Chrastava
Česká Kamenice
CZE
R35
Liberec
(Reichenber
Nový Bor
Jablonné
v Podještědí

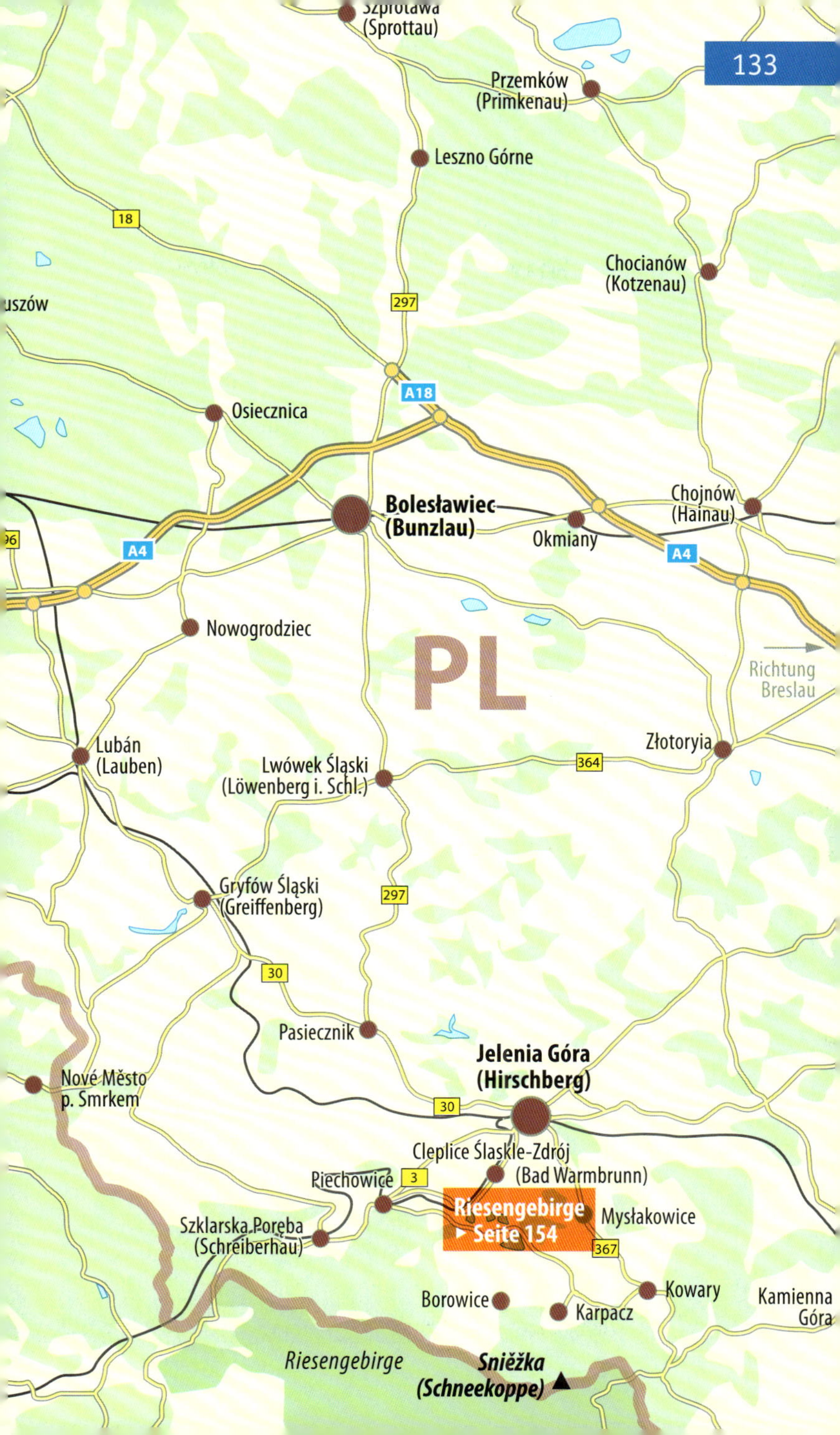

(Sprottau)
Przemków
(Primkenau)
Leszno Górne
18
Chocianów
(Kotzenau)
uszów
297
A18
Osiecznica
Bolesławiec
(Bunzlau)
Okmiany
Chojnów
(Hainau)
96
A4
A4
Nowogrodziec
PL
Richtung
Breslau
Lubán
(Lauben)
Lwówek Śląski
(Löwenberg i. Schl.)
364
Złotoryia
Gryfów Śląski
(Greiffenberg)
297
30
Pasiecznik
Jelenia Góra
(Hirschberg)
Nové Město
p. Smrkem
30
Cleplice Śląskle-Zdrój
(Bad Warmbrunn)
Piechowice
3
Riesengebirge
▸ Seite 154
Mysłakowice
Szklarska Poręba
(Schreiberhau)
367
Kowary
Kamienna
Góra
Borowice
Karpacz
Riesengebirge
Sniěžka
(Schneekoppe)

Zum Fujiyama der Oberlausitz: Die Landeskrone

▶ ANREISE

Mit der Tram 2
ab Demianiplatz bis Endstation Biesnitz (Mo–Fr alle 20 Min., Sa/So/Fei alle 30 Min., Fahrtzeit ca. 20 Min., vom Bhf. ca. 15 Min.)

Zugegeben: Der Görlitzer Hausberg Landeskrone ist natürlich nicht so hoch und mächtig wie die japanische Originalausgabe mit ihren 3 776 Metern. Aber sein Basaltkegel ähnelt doch frappierend dem Basaltkegel des japanischen Fuji.

Zumindest von Weitem. Ein Fuji im Kleinformat mit 420 Metern Höhe, durchaus erhaben und ebenso umrankt von unzähligen Mythen. Außerdem ist auch die Landeskrone, genau wie der Fuji, vulkanischen Ursprungs. Vor rund 30 Millionen Jahren sprudelte aus einer Tiefe von 50 bis 80 Kilometern heiße Basaltlava an die Erdoberfläche und schuf einen symmetrischen Kegel, der seitdem das Landschaftsbild der östlichen Oberlausitz mitprägt.

Aus dieser Tertiär-Zeit ist eine besondere Erscheinung erhalten geblieben: eckige und bis zu ein Meter hohe Basaltsäulen, die durch Schrumpfung bei der Abkühlung der Lava entstanden. Man sieht sie immer wieder entlang des Weges am Berghang stehen. Der Basalt wurde seit dem Mittelalter kleinflächig abgebaut und zu Schotter oder zu blauschwarzen Pflastersteinen verarbeitet. In der Görlitzer Altstadt treten Sie auf Schritt und Tritt darauf.

Ab der jüngeren Bronzezeit lassen sich erste Besiedelungsspuren auf der Landeskrone nachweisen. Um das Jahr 900 errichtete der altslawische Stamm der Besunzane, der kurz danach in dem größeren Stamm der Milzener aufging, eine bis zu 8 Meter dicke Wehrmauer auf der Kegelspitze des Berges. Der berühmte Charité-Arzt, Politiker und Archäologe Prof.

Rudolf Virchow erkundete ab 1870 die Wallanlage, um die Lebensweise dieser Kultur zu erforschen. Eine Burg, die *castrum landischrone*, wird erstmals 1268 erwähnt.

Ab dem späten 18. Jahrhundert, in der Zeit der Frühromantik, begann man die Landschaft und die großartige Aussicht vom Gipfel der Landeskrone zu schätzen. Der bis heute erhaltene Aussichtsturm stammt aus dem Jahre 1796. Von dort oben blickt man bei guten Sichtverhältnissen bis zum Iser- und Riesengebirge im Südosten und bis zum Zittauer Gebirge im Süden. In der Mitte des 19. Jahrhunderts wurde der zuvor meist kahle Berg mit Eschen, Buchen, Winterlinden, Spitzahornen und Fichten aufgeforstet. 1953 stellte man das 55 Hektar große Gebiet aufgrund seltener Pflanzen und der vielfältigen Fauna mit zahlreichen Vogelarten und kleinen Säugetieren unter Naturschutz. Einige Wanderwege, darunter der alte „Zick-Zack-Weg" aus dem 19. Jahrhundert, führen zum 420 Meter hohen Gipfel mit Gaststätte und Burghotel. Man kann sich aber auch ganz bequem mit dem Landeskrone-Express hinauf- und hinunterkutschieren lassen.

EINKEHREN

Gaststätte & Burghotel Landeskrone
Deutsche und schlesische Küche. Sommerterrasse.
Fahrstraße 1 | (0 35 81) 74 32-0 | www.burghotel-landeskrone.de | Tgl. 10–22 Uhr, Jan.–März nur Fr–So | €€

Die 420 Meter hohe Landeskrone ist der Görlitzer Hausberg

Blühende Landschaft mit blauen Wellen: Der Berzdorfer See

▶ ANREISE

Mit dem Auto
Ca. 7 km südlich des Görlitzer Stadtzentrums auf der B 99 in Richtung Zittau.

Mit dem Zug
Mit der ODEG stündlich Richtung Zittau bis Bhf. Hagenwerder.

Mit dem Rad
Auf dem Oder-Neiße-Radweg Richtung Zittau (ca. 30–45 Min.).

Fast 10 Jahre hat es gedauert, bis die ehemalige Braunkohlegrube des Tagebaugeländes Berzdorf zum blühenden Natur- und Erholungszentrum werden konnte. 10 Jahre und 330 Mio. Kubikmeter Wasser.

Aus abgestorbenen Moorwäldern entstanden in der Lausitz vor etlichen Millionen Jahren riesige Braunkohlebecken. Vor etwa 150 Jahren begann man, diesen fossilen Schatz zu fördern. Dabei wurden Flüsse und ganze Berge versetzt, Dörfer einfach weggebaggert. Nach der Wende stellte man den Braunkohleabbau nach und nach ein, zurück blieben kraterartige und vergiftete Mondlandschaften.

Auf dem Berzdorfer Gelände südlich von Görlitz war das Ende des Kohleabbaus 1997 gekommen, nun sollte eine Landschaft nach Plan die geschundene Erde zum Blühen bringen: das **Natur- und Erholungsresort Berzdorfer See.** Im Jahre 2002 wurde mit der Flutung der gewaltigen Grube begonnen, zuerst mit Wasser aus der Pließnitz, ab 2004 auch mit Wasser aus der Lausitzer Neiße. Nun hat der Berzdorfer See eine Fläche von 9,6 Quadratkilometern, ist bis zu 72 Meter tief, 5 Kilometer lang und 2 Kilometer breit. Er stellt damit eines der größten Wassersportgebiete zwischen Prag, Breslau und Berlin dar. Am 18 Kilometer langen Seeuferweg befinden sich mehrere Aussichtspunkte und **Badestellen**.

Dass der Berzdorfer See einst eine Braunkohlegrube war, daran erinnert heute ein technisches Denkmal am südlichen Uferbereich. Dort steht als respektable Reminiszenz an alte Zeiten der 33 Meter hohe **Schaufelradbagger 1452.**

Am nordöstlichen Seeufer (Sandstrand) sollen in den nächsten Jahren außerdem die Reste des Dorfes **Deutsch-Ossig** wiederbelebt werden. Es war eines der Dörfer, das 1988 dem Tagebau weichen musste. Dabei wurden auch zahlreiche Fachwerk-Bauernhäuser zerstört. Die **Dorfkirche** mit prachtvollen Rokokomalereien und wertvollen Bildhauerarbeiten aus dem 18. Jahrhundert baute man ab und errichtete sie wieder im Görlitzer Plattenbau-Stadtteil Königshufen. Dort wurde sie 1998 als Hoffnungskirche eingeweiht.

Kinderträume aus Holz: Kulturinsel Einsiedel

Abenteuer- und Spiellandschaft aus Holz: Die Kulturinsel Einsiedel

Aus einem ehemaligen Waldbauernhof an der deutsch-polnischen Grenze ist seit 1992 ein grünbunter Abenteuer-Freizeitpark entstanden, die Kulturinsel Einsiedel.

Im Mittelpunkt der Parkanlage steht die „künstlerische Holzgestaltung": Hier lugen Holztürme in die Höhe, dort stehen kunstvoll aus Holz gestaltete Spiellandschaften mit Zauberschloss, Piratenschiff und Abenteuerspielplatz. Man hangelt sich über abenteuerlich gebaute Brücken, kraxelt zu Baumhäusern, wandelt durch Labyrinthe und Geheimgänge. Regelmäßig gibt es Theater, Musik, Gaukeleien und Feste. Etwa das **Pyromanum,** die jährlichen Feuerspiele zur Walpurgisnacht, oder das **Folklorum,** ein Festival der Kulturen.

▶ ANREISE

Mit dem Auto
Ca. 15 km auf der Landstraße S127 in Richtung Rothenburg/O.L.

Mit den Bussen 139 & 140
Mo–Fr ca. stündlich, Sa/So 3x tgl. in Richtung Rothenburg. Abfahrt am Busbahnhof Demianiplatz, bis Haltestelle Zentendorf Kulturinsel.

Mit dem Rad
Auf dem Oder-Neiße-Radweg (ca. 45 Min.).

INFORMATION

Kulturinsel Einsiedel
Kulturinsel Einsiedel 1 | 02829 Neißeaue OT Zentendorf | (0 3 58 91) 4 91-0 | www.kulturinsel.de | Ende März–Ende Okt. tgl. ab 10 Uhr | Tageskarte 13 € / 11 € / Kinder (4–14 Jahre) 9,50 €, Familienkarte (2 Erw. und 3 Kinder) 37 €, Behinderte frei | Nov.–März sind das Baumstammlokal, der Skulpturengarten und das Streichelgehege geöffnet. Eintritt frei.

FESTE

Pyromanum *zur Walpurgisnacht am 30. April auf den 1. Mai* | **Mystum**, *die Nacht der verbotenen Spiele im Juli* | **Folklorum**, *ein Festival der Kulturen am ersten Septemberwochenende* | **Spielum**, *mit unterschiedlichsten Festspielen im Oktober*

Zum Hochstein: Landschaftsschutzgebiet Königshainer Berge

▶ ANREISE

Mit dem Auto
Über die Girbirgsdorfer Straße, vorbei am Städtischen Klinikum und Girbirgsdorf (ca. 20 Min.).

Mit dem Bus 145
Ab Demianiplatz in Richtung Weißenberg bis Haltestelle Königshain Oberdorf (für die Wanderung) bzw. Königshainer Gut (für die Schlösser) (Mo–Fr 8x täglich, ca. 30 Min.).

Keine 10 Kilometer westlich von Görlitz liegt das ehemalige Granitabbaugebiet Königshainer Berge. 1974 wurde es zum Landschaftsschutzgebiet und lädt seitdem zum Wandern, Klettern, Schwimmen und Tauchen ein. Einen schönen Blick über die Region bis hin zum Riesengebirge hat man vom höchsten Berg, dem 406 Meter hohen Hochstein.

Als Ausgangspunkt für eine Wanderung empfiehlt sich die kleine Ortschaft **Königshain.** 1298 wird sie erstmals urkundlich erwähnt. Damals ließ der böhmische Monarch in seinen Wäldern ein Jagdquartier einrichten, daher der Name Königshain.

Am östlichen Rande der mehr als 4 Kilometer langen Ortschaft erwarb der reiche Görlitzer Kaufmann Hans Frenzel (▶ Seite 69) im Jahre 1504 ein Rittergut, das sein Sohn zu einem **Wasser- und Renaissanceschloss** erweiterte. Rechts nebenan ließ der Altertums- und Naturforscher Carl Adolph Gottlob von Schachmann 1764 ein feines **Barockschloss** im französischen Stil erbauen. Die gesamte Anlage zeigt sich wunderbar renoviert.

Am westlichen Rande des Dorfes – am alten Bahnhof von Königshain – führt der Weg hinauf in die **Königshainer Berge,** zunächst an hügeligen Wiesen entlang und dann durch einen Mischwald mit stattlichen Buchen.

Hier befindet man sich mitten im imposanten Königshainer Granitabbaugebiet mit seinen schroffen Erhebungen, Felsen und einer Vielzahl **ehemaliger Steinbrüche,** in denen mittlerweile Seen entstanden sind. Einige eignen sich sommers zum Schwimmen und Tauchen. Besonders spektakulär sind der Firstensteinbruch und das Tauchparadies. Sie sind Teil des Steinbruch-Lehrpfades, zu dem auch das **Granitabbau-Museum** gehört. Das Museum informiert über die alten Produktionsstätten des Granitabbaus, der 1975 nach 200 Jahren eingestellt wurde. Der um Königshain abgebaute Granit diente unter anderem als Baumaterial für den Berliner Reichstag, nach 1945 für einige Berliner S-Bahnhöfe und den Rügener Leuchtturm am Kap Arkona.

Die Königshainer Berge laden ein zum Klettern, Wandern und Schwimmen

Um zum Museum zu gelangen, folgt man dem Wanderweg vom alten Bahnhof etwa 30 Minuten. Dann gabelt sich der Weg: Rechts geht es zum Museum, links noch etwas höher zum **Hochstein,** wo der Berggasthof Hochsteinbaude zu einer willkommenen Rast einlädt.

Neben dem Gasthof bietet ein 22 Meter hoher Aussichtsturm einen traumhaftem Panoramablick: Zum Greifen nah erscheint die Landeskrone, und selbst das Riesengebirge ist meist gut zu erkennen.

Insgesamt braucht man für einen Weg dieser Wanderung rund 45 Minuten. Ein etwas unübersichtliches Schild neben der Baudeterrasse zeigt weitere Wanderrouten an.

INFORMATION

Granitabbau-Museum
Mitte Apr.–Ende Okt. Mo–Fr 10–15 und Sa 14–17 Uhr

Museum der königlich-sächsischen Armee im Schloss Königshain
(03 58 26) 6 46 86 | So 14–17 Uhr sowie nach Voranmeldung

EINKEHREN

Berggasthof Hochsteinbaude
Kaffee, Kuchen, deutsche Küche. Biergarten vor mächtigen Granitfelsterrassen und eine Pension in 406 Metern Höhe.
Dorfstraße 146 | (03 58 26) 6 01 16 | www.hohensteinbaude.de | Mi–Mo 11–18 Uhr

Fürst Pücklers Landschaftsparadies: Weltkulturerbe in Bad Muskau

▶ ANREISE

Mit dem Auto
Die B 115 über Niesky und Rietschen.

Mit dem Zug
Stündlich bis Weißwasser (OE 65). Am Busbahnhof umsteigen in den Bus 250 nach Bad Muskau (Mo–Fr stündlich, Sa/So 3x täglich).

Mit dem Rad
Auf dem Oder-Neiße-Radweg (67 km).

Anreisetipp für Nostalgiker
Mit der Schmalspur-Waldeisenbahn Muskau (WEM) ab Weißwasser (www.waldeisenbahn.de).

Satte Wiesen, majestätische Bäume, geschwungene Wege und malerische Gewässer: Am Rande des Kurstädtchens Bad Muskau schuf Hermann Fürst von Pückler-Muskau ein landschaftliches Gesamtkunstwerk. Heute gehört der Park zum UNESCO-Weltkulturerbe.

Im Jahre 1815 beschloss der fanatische Landschaftsarchitekt, seine geerbte Standesherrschaft zu Muskau in einen englischen Landschaftspark zu verwandeln, der an Größe und Schönheit alles Bisherige übertreffen sollte. Im Gegensatz zum exakt geometrisch geordneten und zugeschnittenen Barockpark war sein Gartenbauideal eine Illusion von ungestalteter, zum Ideal verdichteten Natur: „Der höchste Grad der Gartenkunst ist nur da erreicht, wo sie wieder freie Natur, jedoch in ihrer edelsten Form, zu sein scheint."

Gut 30 Jahre lang arbeitete Pückler wie besessen an seinem Lebenswerk. Dabei entstand ein einzigartiger Landschaftsgarten auf 830 Hektar Fläche, der sich beidseitig der Neiße erstreckt. Baumgruppen und vor allem prächtige Solitärs, Einzelbäume, die in der Bepflanzung

dominieren sollten, waren Pückler bei seiner Landschaftskomposition besonders wichtig. Er ordnete diese Bäume so an, dass ihre Blätter Farbkompositionen ergaben, die je nach Jahreszeit eine unterschiedliche „Naturmalerei" entfalteten. Die beiden Muskauer Schlösser – das Alte und das Neue Schloss unmittelbar östlich der Stadt –, dazu Tempel, Denkmale, Kapellen, Brücken, Wege und Sichtachsen bildeten eine harmonische Einheit von Natur und Menschenwerk.

Die poetische Nachbildung des natürlichen Wachsens und Vergehens idealisierte Pückler mit ausgedehnten Wiesenflächen, kleinen Sandhügeln, künstlichen Seen und verträumt dahinplätschernden Kaskaden. Dafür ließ Pückler gar einen langen Wasserlauf graben, die sogenannte Hermannsneiße, die sich quer durch den Westteil des Parks zieht und sich mittendrin zum romantischen Schlosssee aufstaut. Bis über beide Ohren verschuldet musste Pückler schließlich 1845 seinen geliebten Besitz verkaufen. Zu diesem Zeitpunkt war der Park erst zur Hälfte fertiggestellt. Glücklicherweise ließen die wohlhabenden Nachbesitzer des Muskauer Anwesens den Garten im Sinne Pücklers weiterbauen.

Am Ende des Krieges 1945 schien der pücklersche Zaubergarten jedoch verloren: aufgewühlt von Bomben und Granaten und zerschnitten durch die Lausitzer Neiße, nun Grenzfluss zwischen Polen und der DDR. Die DDR kümmerte sich mit bemerkenswerter Sorgfalt um das feu-

Das Neue Schloss im Fürst-Pückler-Park

dale Erbe auf der westlichen Seite. Der polnische Teil des Parks wurde zum Naturschutzgebiet und wuchs bis in die 1990er Jahre zu. Kurz nach der deutschen Wiedervereinigung begann man in deutsch-polnischer Gemeinschaftsarbeit mit der Wiederherstellung der Gesamtanlage. Das im Krieg ausgebrannte **Neue Schloss** im Neorenaissancestil glänzt seit 2008 wieder mit seinen reizenden Rundtürmen neben dem Schlossteich und spiegelt sich spektakulär darin, ganz so, wie es der Meister vorsah. Nur Pücklers strahlende Riesin, die herrliche Blutbuche am Neuen Schloss, die er dem Schriftsteller Ernst Houwald abluchste, ist nicht mehr. Sein Lieblingsbaum musste vor ein paar Jahren gerodet werden. Aber ein aus ihm gezogener Setzling sprießt an gleicher Stelle schon ganz gedeihlich in die Höhe. Und so darf der größte Landschaftspark Europas nach langjährigem Dornröschenschlaf heute wieder zu den schönsten Anlagen der europäischen Gartenbaukunst des 19. Jahrhunderts gezählt werden. Seit 2004 gehört der Fürst-Pückler-Park außerdem zum UNESCO-Weltkulturerbe.

Die weitläufige Anlage (830 ha) lässt sich zu Fuß, per Kutsche, Fahrrad oder Boot erkunden. Vier ausgewiesene **Rad- und Wanderrouten** (▸ Seite 143) führen durch den Park, daneben bietet das Tourismuszentrum Muskauer Park im Westflügel des Neuen Schlosses regelmäßig Parkführungen an. Dort kann man auch Fahrräder leihen. Im Neuen Schloss ist außerdem eine **Dauerausstellung** zum Leben und Werk von Hermann Fürst von Pückler-Muskau zu besichtigen. Vom Turm des Schlosses hat man einen herrlichen Ausblick.

Blick vom Schlossturm

INFORMATION

Tourismuszentrum Muskauer Park
Neues Schloss (Westflügel) | 02953 Bad Muskau | (0 3 57 71) 6 31 00 | www.muskauer-park.de | Apr.-Okt. tgl. 10–18 Uhr, Nov.-März tgl. 10–17 Uhr | Parkführungen ab Neues Schloss: ganzjährig So 10 Uhr, Apr.-Okt. Sa/So/Fei 14 Uhr, Dauer ca. 1,5–2 Std. | 4 €

Bad Muskau-Touristik
Altes Schloss | 02953 Bad Muskau | (0 3 57 71) 5 04 92 | www.badmuskau.info | Apr.-Okt. Mo–Fr 9–18 und Sa/So/Fei 10–17 Uhr, übrige Zeit Mo–Fr 9–16 Uhr | Fahrradverleih, Parkführungen

Dauerausstellung „Pückler", Leben und Werk
Neues Schloss | Anfang Apr.-Ende Okt. tgl. 10–18 Uhr | 6 € / 3 € | Turmbesteigung möglich

EINKEHREN

Café Fürst Pückler
Terrasse unter schattigen Kastanien, Kuchen, kleine Speisen und natürlich Pückler-Eis in den klassischen Farben braun-gelb-rot.
Im Schlossvorwerk | Apr.-Okt. tgl. 11–19 Uhr, sonst nur am Wochenende

Café im Neuen Schloss
Neues Schloss | Westflügel | 1. Etage | tgl. 10–18 Uhr

ÜBERNACHTEN

Kulturhotel Fürst Pückler ♿
Medical Wellness: Anwendungen mit Moor, Thermalsole und Rügener Heilkreide, Fitness, Sauna. Restaurant „Grüner Fürst".
Schloßstraße 8 (am Park) | 02953 Bad Muskau | (3 57 71) 53 30 | www.kulturhotel-fuerst-pueckler.de | €€–€€€

RAD- & WANDERROUTEN

Vier ausgewiesene Touren führen durch den Fürst-Pückler-Park:

Eichentour für Naturliebhaber
Streckenführung zum Großteil auf polnischer Seite. Personalausweis erforderlich, ca. 9 km.
Brückentour
Mit schönen Aussichtspunkten, Ausweis erforderlich, ca. 8 km.
Fürst-Pückler-Tour
Speziell für Radfahrer. Kulturschätze und Brücken. Ausweis erforderlich, ca. 6 km.
Hügeltour
Mit tollen Aussichtspunkten, Ausblicken vom Pücklerstein und von der Berg'schen Kirchruine. Anspruchsvolle Strecke, ca. 14 km.

BOOTSTOUREN

Neiße Tours
2,5 stündige Schlauchbootfahrt vom alten Wehr im Park auf der Neiße nach Żarki Wielkie (Groß Särchen). Rücktransport mit Bussen. Fahrradverleih.
Alte Schmiede | Bauhof 1 | 02953 Bad Muskau | (07 00) 01 81 88 88 (3 ct/Min.) | www.neisse-tours.de

Reiterhof zum Tannengrund
Wossinka 1 | 02953 Gablenz | (03 57 71) 6 39 50 | (01 51) 52 13 14 20 | www.reiterhof-lisk.de

Böhmischer Barock: Zisterzienserinnen-Kloster St. Marienthal

▶ ANREISE

Mit dem Auto
Ca. 20 km südlich von Görlitz auf der B99 in Richtung Zittau.

Mit dem Zug
Mit der ODEG (Ostdeutsche Eisenbahn) stündlich vom Bhf. Görlitz nach Ostritz (ca. 20 Min.), der Bahnhof (Krzewina Zgorzelecka) liegt auf polnischem Territorium. Vom Fußgängergrenzübergang am Bahnhof bis zum Kloster ca. 30 Min.

Mit dem Bus
Linie 21 vom Busbahnhof Görlitz hält direkt vor dem Kloster, (Mo–Fr mehrmals täglich in ca. 30 Min.).

Mit dem Fahrrad
Auf dem Oder-Neiße-Radweg (ca. 2 Std.).

Das beeindruckende Klosterstift Marienthal, malerisch im Tal der Lausitzer Neiße gelegen, ist das älteste Frauenkloster des Zisterzienserordens in Deutschland.

Es besteht seit 1234, die Schenkungsurkunde überreichte damals die böhmische Königin Kunigundis, Gemahlin König Wenzels. Die Ordensschwestern, heute sind es noch 15, leben hier getreu der Regel des heiligen Benedikt und geloben neben dem Bekenntnis zu Gott auch Ehelosigkeit und Armut. Ihr Motto heißt „Ora et labora" (Bete und arbeite). Zur Zeit der Reformation im 16. Jahrhundert hielten die Schwestern am katholischen Glauben fest und verhinderten die Umwandlung in ein weltliches Damenstift.

St. Marienthal entwickelte sich im Laufe der Jahrhunderte zu einem Ort der Bildung und erlangte wirtschaftlichen Reichtum, vor allem riesigen Landbesitz. 1820 wurde der gesamte Grundbesitz des Klosters verstaatlicht, nachdem Preußen die Herrschaft über das Görlitzer Gebiet übernommen hatte. Die **heutige Klosteranlage** im böhmischen Barock entstand nach dem großen Brand von 1683. Zur Anlage gehören die mächtige Klosterkirche, das Konventshaus mit Ehrenhof und Freitreppe sowie Abtei und Propstei. Daneben gibt es Wirtschaftsgebäude, Gästehäuser, die Gästepforte als Anlaufstelle für Besucher, einen Klostermarkt und zwei Gärten. Von diesen ist der „Garten der Bibelpflanzen" besonders sehenswert.

1992 richteten die Ordensschwestern das Internationale Begegnungszentrum St. Marienthal im Kloster ein. Sie wollen damit die Verständigung von Menschen unterschiedlicher Weltanschauungen fördern.

In der Mitte des Klostergeländes liegt der Klosterhof. Dort beeindrucken der 1716 geschaffene **Dreifaltigkeitsbrunnen mit Säule** und die **Sandsteinfigur des hl. Nepomuk** von 1755. Östlich des Brunnens steht die im Rokokostil ausgestattete **Kreuzkapelle** mit dem Michaelisaltar. Der Altar stammt aus der Mitte des 18. Jahrhunderts. Im Jahre 1897 vernichtete das Neißehochwasser fast die gesamte barocke Inneneinrichtung. Die heutige Ausstattung ist daher recht schlicht.

Die aufwendigen Restaurierungs- und Sanierungsarbeiten am Klosterensemble wurden durch das größte Hochwasser aller Zeiten im August 2010 fast sämtlich wieder zunichte gemacht. Das Wasser erreichte dabei einen Stand von über 2 Metern, die kunstvolle Innenausstattung und auch die bauliche Substanz aller Klostergebäude wurden stark in Mitleidenschaft gezogen.

Einige Bereiche der Anlage wurden dabei komplett zerstört und sind bisher noch nicht wieder zugänglich. So wird es vermutlich noch einige Jahre dauern, bis die komplette Klosteranlage wieder in ihrem ursprünglichen Zustand hergerichtet ist.

Nordwestlich des Klostergeländes ist der **Kalvarienberg** (Stationsberg) mit Kreuzweg und vierzehn Bildern der Leidensstationen Christi sehenswert. Er wurde bereits 1728 angelegt. Von dort hat man außerdem einen wunderbaren Blick auf das Kloster. Westlich des Klostergeländes kann man auch den **östlichsten Weinberg Deutschlands** bewundern.

INFORMATION

Zisterzienserinnenabtei Klosterstift St. Marienthal
St. Marienthal 1 | 02899 Ostritz | www.kloster-marienthal.de |

Die Nonnen führen Besucher regelmäßig durch ihre Klosteranlage

Blick vom Weinberg auf das Kloster St. Marienthal

Internationales Begegnungszentrum: www.ibz-marienthal.de

Touristische Informationen

Gästepforte | (03 58 23) 7 74 44 bzw. 7 73 85

Klosterführungen

Seit dem schweren Hochwasser 2010 gibt es Einschränkungen bei den Klosterführungen. Derzeit kann die Klosterkirche besichtigt und das Kloster-Modell gezeigt und präsentiert werden.

Treffpunkt am Dreifaltigkeitsbrunnen | Ostermontag–Ende Okt. tgl. 15 Uhr, Nov.–Ostersonntag nur Sa/So 15 Uhr | 3 € / 1,50 €

Garten der Bibelpflanzen

Hier gedeihen u. a. seltene Laubbäume, zahlreiche Heilpflanzen, Lavendel und historische Rosensorten. Bisher nur teilweise wiedereröffnet.

Tgl. 9–18 Uhr

Klostermarkt

Brot, Klosterbier, Souvenirs, Oberlausitzer Geschenkartikel, Devotionalien, Musikerzeugnisse, Bücher.

(03 58 23) 7 73 67 | Mo–Fr 9–16.30, Sa/So/Fei 10–16 Uhr

EINKEHREN

Klosterschenke

In einem Fachwerkhaus aus dem Jahre 1740, schlesisch-böhmische Ge-

richte, sächsische Weine, dunkles Klosterbier. Sommerterrasse unter alter Kastanie.

Vor dem westlichen Klostertor | (03 58 23) 8 77 15 | Tgl. 11–22 Uhr

ÜBERNACHTEN IM KLOSTER

Es stehen schlichte Gästezimmer zur Verfügung, ab 21 €/Person, Frühstück 8,50 €.

Buchung über die Gästepforte.

FESTE

Frühlingsfest *2. April-Hälfte* | **Kräuterfest** *Mitte August* | **Winzerfest** *im Oktober* | **Adventsmarkt** *Mitte Dezember.*

Abstecher nach Ostritz

Die energieökologische Modellstadt Ostritz, 2 Kilometer nördlich des Klosters, war ein Vorzeigeprojekt der EXPO 2000. Die rund 3 500 Einwohner zählende Gemeinde hat sich unabhängig gemacht von den Energiekonzernen und bezieht ihren Strom ausschließlich aus regenerativen Energien. Dazu gehören Windkraft- und solarthermische Anlagen, Wasserturbinen, ein Biomasseheizkraftwerk sowie ein Pflanzenöl-Blockheizkraftwerk.

Die Anlagen können auf Anfrage besichtigt werden: (0 3 58 23) 88 4-0

Mittelalterliche Gassen, barocke Gebäude: Spreestadt Bautzen

▶ ANREISE

Mit dem Auto
Über die A4, Abfahrt Bautzen Ost auf die B 6 (Entfernung von Görlitz ca. 45 km).

Mit dem Zug
Stündliche Direktverbindung ab Görlitz Bhf. (ca. 35 Min.).

Pardon, schönes Dresden! Aber die eindrucksvollste Stadtsilhouette Sachsens besitzt Bautzen! Der Ausblick von der südlichen Friedensbrücke auf die Altstadt, die auf einem steil zur Spree abfallenden Granitfelsen thront, ist wirklich imposant:

Vorne eine dicke Stadtmauer, dahinter ineinander verschachtelte Häuser mit roten Dächern, dazu eine stattliche Burg und vor allem Türme, viele, viele Türme – trutzige, herrschaftlich weit in die Höhe ragende und schlanke, sehr anmutige.

Die Geschichte der Stadt Bautzen verlief ähnlich wie die von Görlitz: Lage an den großen mittelalterlichen Handelsstraßen, langjährige Zugehörigkeit zum Königreich Böhmen, Mitglied des mächtigen Sechsstädtebundes gegen den Landadel, florierender Handel, florierendes Handwerk: Tuchmacher, Leineweber, Gerber, Schuhmacher, Töpfer und Kürschner – die Stützen des mittelalterlichen Wohlstands.

Das Jahr 1002 gilt als das Gründungsjahr von Bautzen, der *civitas Budusin*. Allerdings ist die Siedlung an der Spree einige Jahrhunderte älter, schließlich befand sich hier ungefähr ab dem 7. Jahrhundert die Hauptburg der slawischen Milzener. Die Volksgruppe der Milzener ging in dem slawischen Volk der Sorben auf. Bis heute ist Bautzen das kulturelle Zentrum der Sorben. Zwischen 5 und 10 Prozent der 40 000 Einwohner sind sorbischer Abstammung.

Sehenswertes mittendrin: Dom St. Petri und Rathaus

Seit 2002 präsentiert sich die von den Zerstörungen des Zweiten Weltkriegs weitgehend verschonte Bautzener Altstadt fein restauriert. Mittendrin am weitflächigen **Doppelmarktplatz** – Fleischmarkt und Hauptmarkt – stehen die Repräsentationsbauten der weltlichen und der geistlichen Macht: Am gotischen **Petridom** an der Nordseite des Fleischmarkts wurde von 1212 bis 1497 gebaut. Das Gotteshaus mit seinem abgeknickten Grundriss und dem 85 Meter hohen, die ganze Stadt überragenden Turm besitzt seit 1524, seit der Reformation, einen katholischen Chor und ein protestantisches Langhaus. Die Andachtsräume beider Konfessionen sind in der ersten Simultankirche Deutschlands durch hüfthohe Gitter getrennt.

Die eindrucksvollste Stadtsilhouette Sachsens – Blick von der Friedensbrücke

Zu den bedeutendsten Inventarstücken zählt das Holzkruzifix des Barock-Bildhauers Balthasar Permoser aus dem Jahre 1713.

Das barocke **Rathaus** an der Nordseite des Hauptmarkts erstrahlt in leuchtendem Gelb. Es stammt von 1732 und ist von prächtigen Bürgerhäusern umgeben. Wer auf dem Hauptmarkt den Pflasterstein mit dem Malteserkreuz entdeckt, steht exakt an der Stelle, wo man im Mittelalter legal köpfte und strangulierte. Von diesem schönen Platz mit dem alten Brunnen, auf dem der legendäre Ritter Dutschmann – eine Art Bautzener Roland – steht, führt die geschäftige Reichenstraße zum Reichenturm. Der Bautzener Boulevard wird von prunkvollen Barockhäusern mit reich verzierten Fassaden flankiert.

Domschatzkammer St. Petri | (0 35 91) 35 19 50 | Mo–Fr 10–12 und 13–16 Uhr | Ausstellung liturgischer Gefäße, Gewänder, Bilder und Figuren.

Am östlichen Rand der Altstadt: Der Reichenturm

Es ist nicht zu übersehen: Der Reichenturm ist schief. Am östlichen Ende der eleganten Flaniermeile Reichenstraße neigt sich der 55 Meter hohe Reichenturm 1,44 Meter aus dem Lot. Wenn Sie nach oben schauen, sehen Sie den Grund dafür: Der massive Barockaufsatz von 1715, der einen hölzernen ersetzte, ist einfach zu schwer. Daher musste man für den kleinen Bruder des schiefen Turms von Pisa 1953 ein neues Turmfundament gießen. Seitdem ist der Reichenturm nun immerhin stabil schief. An seiner Ostseite sitzt Kaiser Rudolf II. steinern auf seinem Thron, in den Händen Zepter und Reichsapfel. Mit dem Denkmal erinnert die Stadt stolz an den kaiserlichen Besuch im Jahre 1577.

Südwestlicher Rand der Altstadt: Die Alte Wasserkunst

Zurück am Hauptmarkt führt links die Innere Lauenstraße und rechts die Mühltorgasse zum berühmtesten Wahrzeichen Bautzens: der Alten Wasserkunst. Das fünfstöckige Bauwerk mit seinem markanten Turm am Felsen über der Spree wurde 1588 erbaut und diente als städtisches Wasserwerk. Zugleich war das majestätische und trutzige Gebäude Teil der alten Stadtbefestigung. Heute ist die Alte Wasserkunst ein technisches Denkmal mit Museum. Vom Turm blickt man auf die Altstadt und auf den benachbarten Turm der **Michaeliskirche** von 1473. Die dient schon seit 1619 als Pfarrkirche für die evangelischen Sorben.

Die Alte Wasserkunst

Museum in der Alten Wasserkunst | Wendischer Kirchhof 2 | 02625 Bautzen | (0 35 91) 4 15 88 | www.altewasserkunstbautzen.de | Apr.–Okt. 10–17 Uhr, Nov.–März 10–16 Uhr | 2 € / 1,50 € / Kinder unter 14 Jahren 0,50 €

Im Norden: Die Ortenburg

Weiter geht es auf dem Reymannweg durch das Mühltor und die Mühlbastei zur Ortenburg. Die spätgotische Burg steht an gleicher Stelle wie die einstige Burg der Milzener. Sie entstand 1486. Damals herrschte der ungarische und gleichzeitig böhmische König Matthias Corvinus über die Lausitz. Das Relief am Schlossturm zeigt den Regenten, bezeichnenderweise hat er sich als Fußbank den böhmischen Löwen genommen. Das Ensemble der Ortenburg besteht aus drei Gebäudekomplexen: Im Schlossgebäude mit den charakteristischen Renaissancegiebeln ist der Audienzsaal besonders sehenswert. Die Bilder an der Saaldecke illustrieren die herausragenden Ereignisse der Lausitzer Geschichte. Das neu erbaute Burgtheater beherbergt das Puppen-, das Kinder- und Jugendtheater sowie das Kleine Schauspiel. In das ehemalige Salzmagazin von 1782 ist seit 1971 das Sorbische Museum zu Hause.

Der idyllische Osterweg führt um die Burganlage herum.

INFORMATION

Tourist-Information

Hauptmarkt 1 | 02625 Bautzen | (0 35 91) 4 20 16 | www.bautzen.de | Apr.-Okt. Mo-Fr 9-18, Sa/So/Fei 9-15 Uhr | Nov.-März Mo-Fr 9-17, Sa/So 9-14 Uhr | Stadtführungen: Apr.-Ende Okt. Mo-Fr 14 Uhr, Sa/So/Fei 11 und 14 Uhr | ca. 1,5 Std. | 5 €

Gedenkstätte Bautzen

Bautzen II wurde ab 1956 vom DDR-Ministerium für Staatssicherheit (MfS) als Sondergewahrsam genutzt. Inhaftiert waren Oppositionelle, Spione westlicher Geheimdienste, Ausreisewillige, Fluchthelfer und abtrünnige Stasi-Mitarbeiter – streng abgeschirmt von der Öffentlichkeit und oft in langjähriger Isolationshaft.

Im ehemaligen Stasi-Gefängnis Bautzen II | Weigandstraße 8a | 02625 Bautzen | (0 35 91) 4 04 74 | www.gedenkstaette-bautzen.de | Mo-Do 10-16, Fr 10-20, Sa/So/Fei 10-18 Uhr | Eintritt frei | Kostenlose Führungen: Fr 17 Uhr, Sa/So/Fei 14 Uhr, Gruppenführungen nach Vereinbarung

Sorbisches Museum (Serbski Muzej)

Ein sehr informatives Schaufenster der sorbischen Kultur von den Anfängen bis heute. Zu sehen sind etwa die bunt bestickten traditionellen Trachten und die berühmten, kunstvoll verzierten Ostereier. Es gibt einen Kreativraum für Kinder und eine umfangreiche sorbische Bibliothek.

Ortenburg 3 | 02625 Bautzen | (0 35 91) 27 08 70-0 | www.museum.sorben.com. | Apr.-Okt. Di-Fr 10-17, Sa/So 10-18 Uhr, Nov.-März Di-Fr 10-16, Sa/So 10-17 Uhr | 3,50 € / 2 €

EINKEHREN

Sorbisches Restaurant Wjelbik

Sorbische und Lausitzer Küche.

Kornstraße 7 (Nähe Dom St. Petri) | 02625 Bautzen | (0 35 91) 4 20 60 | www.wjelbik.de | Mo-Fr 11-15 und 17.30-23 Uhr, Sa/So 11-23 Uhr, Nov.-März nur Di-So 11-15 Uhr

Mönchshof

Tafeln und Zechen wie im Mittelalter.

Burglehn 1 | 02625 Bautzen | (0 35 91) 49 01 41 | www.moenchshof.de | Tgl. ab 11.30 Uhr, Fr-So Tischreservierung empfohlen

EINKAUFEN

Bautz'ner Senfladen

Längst ein Lausitzer Bestseller: Bautz'ner Senf, mittelscharf. Riesenauswahl vom Küchensenf über Bier- und Weinsenf bis zu Knoblauch- und Fruchtsenf. Angegliedert sind die Manufaktur und ein kleines Museum.

Fleischmarkt 5 | 02625 Bautzen | (0 35 91) 59 71 18 | www.senf-stube.de

Lausitzer Töpferwaren Rosemarie Römer

Fachgeschäft für Lausitzer Töpferwaren & Blaudruck.

An den Fleischbänken 4 | 02625 Bautzen | (0 35 91) 4 28 23

Die Sorben: Slawen in der Lausitz

Im 6. und 7. Jahrhundert besiedelte die westslawische Volksgruppe der Sorben die Region der Lausitz. Sich selbst nennen die Sorben Serbja oder Luzyske Serba, Lausitzer Serben. Ihnen gelang es, ihre sorbische Sprache und ihre eigenständige Kultur über die vielen Jahrhunderte bis in die Gegenwart zu erhalten – ein kleines Wunder, wenn man die zahlreichen wirtschaftlichen und politischen Benachteiligungen und Unterdrückungen berücksichtigt, denen diese kleine Volksgruppe fast ständig ausgesetzt war. Heute leben etwa 40 000 Sorben in der sächsischen Oberlausitz und rund 20 000 in der brandenburgischen Niederlausitz. Nicht zuletzt die zweisprachigen Ortsschilder verleihen dieser Region einen besonderen Reiz: Cottbus heißt sorbisch Chosebuz, Weißwasser Bela Woda, Bad Muskau Muzakow und Bautzen Budysin. In der Nazizeit verboten, sind die Sorben seit 1948 als nationale Minderheit anerkannt. Seitdem finden auch ihre traditionellen Volksfeste wieder regelmäßig statt, zu denen vor allem Mädchen und Frauen ihre sorbischen Trachten anlegen: bunt bestickte Faltenröcke und die Lapa, die kunstvolle Kopfhaube.

Die Sorben pflegen ihre Traditionen

Museum in echt: Obercunnersdorf

Wie ein großes Freilichtmuseum erscheint Obercunnersdorf mit seinen zahlreichen, gut erhaltenen, hübsch hergerichteten Umgebindehäusern.

Mehr als 260 dieser typischen Oberlausitzer Häuser gibt es hier. Von der UNESCO wurde Obercunnersdorf deshalb zum Denkmalort ernannt.

Im späten Mittelalter trafen in der Lausitz slawische und fränkisch-germanische Baukultur aufeinander. Dabei entstand die Kombination aus (slawischem) **Blockbau** und (fränkisch-germanischem) **Fachwerkbau.** Beim Blockbau schichtet man Holzstämme zu einer massiven Wand waagerecht aufeinander. Beim Fachwerkbau füllt man Holzgerüste mit Lehm aus. In Obercunnersdorf baute man unten die Blockstube, oben das Fachwerk, rundum abgestützt durch eine Holzkonstruktion, das sogenannte Umgebinde. Die ersten Häuser dieses Bautyps entstanden wohl um 1520. Ihre früheren Bewohner arbeiteten oft als Leineweber, daher ist die Stube meist ungewöhnlich groß, um genügend Platz für die Webstühle zu bieten.

Wer ein Umgebindehaus von innen sehen möchte, sollte das Heimatmuseum im **Schunkelhaus** besuchen. Das ehemalige Weberhaus von 1750 bekam seinen Namen, weil man es auf winziger Grundfläche völlig verdreht – angepasst an den schrägen Boden – erbaute. So scheint es, als schaukele das Haus.

▶ ANREISE

Mit dem Auto
Ca. 35 km südwestlich von Görlitz über die B6 in Richtung Löbau/Bautzen, bei Löbau Abzweig nach Obercunnersdorf in Richtung Zittau.

Mit dem Zug
Vom Bhf. Görlitz nach Löbau (ca. 15 Min.) und mit Bus 56 nach Obercunnersdorf (ca. 30 Min.), Sa/So lange Umstiegszeit.

INFORMATION

Touristen-Information
Auch Ortsführungen und Wanderkarten.
Hauptstraße 65 | 02708 Obercunnersdorf | (03 58 75) 6 09 54 | www.obercunnersdorf.de | Mai–Okt. Mo–Fr 10–17, Sa 10–14 und So/Fei 13–16 Uhr, Nov.–April Mo–Fr 10–16 Uhr.

Heimatmuseum
Klippelgasse 2 | (03 58 75) 6 09 54 | Mai–Okt. Mo–Fr 10–17, Sa/So/Fei 13–16 Uhr, Nov.–April Mo–Fr 10–16 Uhr

EINKEHREN & ÜBERNACHTEN

Pension & Café Alte Rinnmühle
Carola Hüttermann | Hauptstraße 17 | 02708 Obercunnersdorf | (03 58 75) 6 02 52 | www.alte-rinnmuehle.de | ganzjährig Sa/So/Fei 11–20 Uhr

Im Reiche Rübezahls: Hirschberger Tal und Riesengebirge

▶ ANREISE

Mit dem Auto
Von Zgorzelec auf der Route 30 über Lubań nach Jelenia Góra und Karpacz (ca. 80 km).

Mit dem Zug
Vom Bahnhof Zgorzelec nach Jelenia Góra (ca. 1 Std. 45 Min.).

Mit dem Bus
Vom PKS-Busbahnhof Zgorzelec nach Jelenia Góra (1,5–2 Std.).

Schon die preußische Schickeria zog es ins Hirschberger Tal: Hingerissen von den malerischen Hügeln und der romantischen Landschaftsstimmung ließ man Schlösser und aufwendige Parkanlagen bauen, um die Sommerfrische in dieser einzigartigen Kulturlandschaft zu verbringen.

Der Hochadel und der preußische König höchstselbst entdeckten im frühen 19. Jahrhundert das von Friedrich dem Großen eroberte niederschlesische Land. Dichter und Maler folgten. Bald besaß das schlesische Tal die höchste Schlösserdichte in ganz Europa. Preußische Baukünstler wie Schinkel und Stüler und Parkgestaltungsvirtuosen wie Peter Joseph Lenné schufen hier eine grandiose harmonische Einheit von Natur und architektonischer Vision: mit weiten englischen Landschaftsgärten, Sichtachsen zwischen klassizistischen Gütern, mit Hofkirchen im italienischen Stil und mit erhabenen Blicken auf die Schneekoppe.

Das Hirschberger Tal ist von vier Gebirgszügen umringt, die seine reizvolle Landschaft ausmachen: Südlich grenzt es an das Riesengebirge mit seiner 1 602 Meter hohen Schneekoppe, westlich an das Isergebirge. Im Norden wird es vom Bober-Katzbach-Gebirge begrenzt, im Osten vom Landeshuter Kamm.

Zum Hauptort des Hirschberger Tals entwickelte sich die Stadt Hirschberg, das heutige Jelenia Góra. Ihr Anschluss an das Eisenbahnnetz im Jahre 1866 machte das schlesische Arkadien breiteren Schichten zugänglich, allen voran dem deutschen Bildungsbürgertum. Naturbegeisterte Reisende erfreuten sich nun am Bergwandern oder entspannten in warmen Heilquellen, wie etwa im Kurort Bad Warmbrunn (Cieplice Śląskie-Zdrój). Nach dem Zweiten Weltkrieg dämmerten viele der herrschaftlichen Residenzen ihrem Verfall entgegen. Mittlerweile – seit der touristischen Neuentdeckung des Hirschberger Tals nach der politischen Wende – wurden zahlreiche Schlösser und Herrenhäuser restauriert und dienen oft als Hotels. Das „Schlesische Elysium", die alte europäische Kulturlandschaft, ist endgültig wieder aus ihrem Dornröschenschlaf erwacht.

Im Riesengebirge am Reifträger

Am Markt in Hirschberg (Jelenia Góra)

Hirschberg (Jelenia Góra)

Der Legende nach soll der polnische König Bolesław Krzywousty, der Schiefmund, bei einer Hirschjagd von der Schönheit des Hirschberger Talkessels so verzaubert gewesen sein, dass er hier sofort den Bau einer Burg anordnete. Das war 1108. Die Burg ist längst verschwunden, aber was der Zweite Weltkrieg an historischer Substanz verschont hat, kann sich sehen lassen. Den gesamten riesigen **Marktplatz** umzieht ein Laubengang, in dem im späten Mittelalter die Tuchmacher ihre Produkte feilboten. Die buntbemalten Hausfassaden sind den kunsthistorischen Epochen zwischen dem 16. und 19. Jahrhundert angepasst, vor allem aber barock geformt. Wie es sich in Schlesien gehört, steht mitten auf dem Platz das **Rathaus** von 1749. Daran schließen sich die ehemaligen **Siebenhäuser** an: sieben schmale Patrizierhäuser mit kleinen Markthallen, die man nach 1945 durch ein neues Bauwerk ersetzt hat. Dadurch verloren sie ihre kaufmännische Funktion und sind heute reine Wohnhäuser.

In der nordöstlichen Ecke des Marktes steht die katholische Pfarrkirche **St. Erasmus und Pankratius.** Sie stammt aus der zweiten Hälfte des 14. Jahrhunderts und ist das älteste Bauwerk von Jelenia Góra. Die Turmkrönung und die Inneneinrichtung sind barock gestaltet. Die Kirche ist nach den Schutzheiligen der Stadt benannt.

PAUSE

Das kleine **Café Pożegnanie z Afryką** an der südwestlichen Ecke des Marktplatzes bietet Dutzende Kaffeesorten aus aller Welt, im Sommer sitzt man unter den Lauben.
Ratuszowy 4 | tgl. 10–18 Uhr

Vom Rathaus führt östlich die autofreie ul. 1 Maja auf einem etwa 10-minütigen Fußweg zur **Gnadenkirche Zum Heiligen Kreuz** (Kościół Łaski pod Krzyżem Chrystusa). Seit drei Jahrhunderten prägt das größte Gotteshaus Niederschlesiens das Stadtbild Jelenia Góras. Damals gestand der katholische Kaiser Josef I. den Hirschberger Protestanten den Bau einer eigenen Kirche zu. Architektonische Inspiration fand man im evangelisch geprägten Skandinavien: Die Gnadenkirche wurde nach dem Vorbild der Stockholmer Katharinenkirche gebaut, nur höher und monumentaler. Sie wird von einer massiven, 57 Meter hohen Kuppel gekrönt und beeindruckt im Inneren durch eine kolossale Pracht. Umrundet man die Kirche, befindet man sich dahinter im ehemaligen Kirchhof. Dort fasziniert ein einzigartiges Ensemble barocker **Grabkapellen** der reichen Hirschberger Tuchhändler, die man Schleierherren nannte. Diese Schmuckstücke müssen allerdings dringend renoviert werden.

INFORMATION

Info-Centrum
Ul. Grozka 16 | (00 48 75) 7 67 69 25 | www.jeleniagora.pl

Gnadenkirche Zum Heiligen Kreuz (Kościół Łaski pod Krzyżem Chrystusa)
Sa–Do 10–16 und Fr 12–16 Uhr | 1 €

Riesengebirgsmuseum (Muzeum Karkonoskie)
Geschichte Hirschbergs. Niederschlesische Möbel, Hauben, die größte Kunstglassammlung Polens.
www.muzeumkarkonoskie.pl | Mai–Ende Sep. Di–So 9–17 Uhr, Okt.–Apr. Di–So 9–16 Uhr | So Eintritt frei

ÜBERNACHTEN

Schloss Lomnitz (Pałac Łomnica) ♿
Nahe Hirschberg. Die riesige barocke Anlage mit Großem und Kleinem Schloss, Gutshof, Hofladen, Ställen, Remise, Bethaus, Schmiede und dem neun Hektar großen Park entstand in seiner heutigen Form ab 1720. Im Großen Schloss ist das Museum sehenswert. Es sind der mittelalterliche Schlosskeller und mehrere historische Säle mit originalen Möbeln zu besichtigen. Das Kleine Schloss, der Witwensitz, wurde 1805 erbaut. Es beherbergt das Schlosshotel mit behaglichen Zimmern und ein exzellentes Restaurant. Sommerterrasse, Kinderspielplatz.
58-500 Jelenia Góra 14 | ul. Karpnicka 3, Lomnica | (00 48 75) 7 13 04 60 | www.schloss-lomnitz.pl | €€
Museum | Apr.–Ende Okt. 10–18 Uhr, Nov.–März 11–17 Uhr | 8 zł / erm. 6 zł

Schloss Wojanów (Schildau)
In Sichtweite von Schloss Lomnitz. Wunderschön restauriert, ebenfalls mit Hotel, Restaurant, Parkanlage.
www.palac-wojanow.pl | €€€

Bad Warmbrunn (Cieplice Śląskie-Zdrój)

Etwa 8 Kilometer südwestlich von Hirschberg liegt der traditionelle Kurort Bad Warmbrunn. Im 19. Jahrhundert war er eines der bedeutendsten Kur- und Heilbäder Schlesiens und Deutschlands, hier traf sich der preußische Adel zur Erholung. Das sehenswerte Örtchen lässt sich auf einem Spaziergang in rund einer Stunde erkunden, im überschaubaren Zentrum liegen die Sehenswürdigkeiten nah beieinander: das imposante, frühklassizistische Residenzschloss (1788) am Piastowski-Platz – letzter Wohnsitz der Grafenfamilie Schaffgotsch, denen die gesamte Region gehörte (heute wird das Schloss von der Technischen Hochschule Breslau genutzt) –, die barocke Kirche (1714) mit separatem Glockenturm und zahlreichen Grabdenkmälern der Schaffgotschs, der Konzertsaal von 1820 (das ehemalige Kurhaus) im Kurpark, heute Pavillon Edwards genannt. Sehenswert sind auch die „Galerie im Park" von 1799 – das Gesellschaftshaus für die Badegäste – und daneben das repräsentative Theater (1836). Sie gehören zu den herausragenden klassizistischen Bauten Schlesiens. Der gesamte Park ist jederzeit zugänglich.

Agnetendorf (Jagniątków)

In einem der vielen Seitentäler des Riesengebirges liegt etwa 13 Kilometer südöstlich von Jelenia Góra die kleine Ortschaft Agnetendorf. Hier lebte und arbeitete der Dichter Gerhart Hauptmann (1862–1946, *Die Weber, Die Ratten*) regelmäßig im Frühjahr und im Herbst. „Eine Burg zum Schutz und Trutz" nannte der Nobel-

Rübezahl: Der legendäre Berggeist im Riesengebirge

Als Riese mit einem wilden Bart wird der Berggeist ursprünglich, im 16. Jahrhundert, dargestellt. Wie ein freundlicher Hausgeist streift er mit seinem Stock durch das schlesische Gebirge, hilft in Not geratenen Wanderern, beschenkt Arme und wird zum Schutzpatron der Wurzelmänner, deren gesammelte Pflanzen er mit einer besonderen Heilkraft versieht. Seither ranken sich unzählige Sagen, Mythen und Märchen um den stolzen und sonderbaren Naturburschen, der den Menschen in ganz verschiedenen Gestalten erscheint – mal als Bergmann, mal als Mönch in Kutte, mal als Junker, mal in Tiergestalt oder gar als Wolke. Denn schließlich ist er ja auch der Wetterherr des Riesengebirges. Doch wehe, wenn man ihn wegen seines seltsamen Namens verspottet, dann lässt Rübezahl schwere Unwetter aufkommen, sendet Blitze und Donner und führt die Spötter auf falsche Pfade oder in die tiefen Abgründe der Bergwelt um die Schneekoppe.

Spätestens seit Johann Karl August Musäus 1783 die populären *Legenden von Rübezahl* verfasste, gilt der Berggeist als Identifikationsfigur der Schlesier. Ab dem frühen 19. Jahrhundert diente Rübezahl zudem als origineller Stoff für Dramen und Opern – 1805 schrieb Carl Maria von Weber die Oper *Rübezahl* – sowie für zahlreiche romantische Illustrationen. Heute ist der Rübezahl ein wichtiger touristischer Werbeträger im nun polnischen Riesengebirge. Da stößt man auf Schritt und Tritt auf das in Holz gemeißelte Antlitz des *duch gór* oder *liczyrzepa*, wie der bärtige Berggeist auf Polnisch genannt wird.

Der Berggeist Rübezahl erscheint in verschiedenen Gestalten, als Mensch, als Tier oder sogar als Wettererscheinung

preisträger seine burgähnliche **Neorenaissance-Villa Wiesenstein** auf dem kleinen Hügel an der Hauptstraße. Das Vestibül, seine „Paradieshalle", ließ Hauptmann 1922 von seinem Freund Johannes Maximilian Avenarius ausmalen. Ganz oben im blauen Lichtzentrum empfängt Jesus das Hannele im Himmel – nach Hauptmanns Drama *Hanneles Himmelfahrt*. Die weiteren Räume im Erdgeschoss, auch das Arbeitszimmer des Dichters, werden museal genutzt und sind zu besichtigen.

Gerhart-Hauptmann-Haus (Dom Gerharta Hauptmanna) | ul. Michałowicka 23 | (00 48 75) 7 55 32 86 | www.muzeum-dgh.pl | Mai–Okt. Di–So 9–17 Uhr, Nov.–Apr. Di–So 9–16 Uhr

Wandertipp

Achtung: Fußgänger-Stau auf der Schneekoppe! Keine Seltenheit im Hochsommer. Um das Gebirgspanorama dennoch von oben zu genießen, empfiehlt sich als Alternative eine halbstündige Sesselliftfahrt vom beliebten Ferienort Szlarska Poręba (Schreiberhau) aus zum 1 362 Meter hohen Berg Reifträger (Szrenica). Von oben hat man eine grandiose Aussicht auf das Riesengebirge. Es gibt mehrere gut ausgeschilderte Wandermöglichkeiten, zum Beispiel auf dem Kammweg. Einkehrmöglichkeit in der rustikalen Reifträger-Baude.

Krummhübel (Karpacz)

Karpacz ist für viele Touristen der Ausgangspunkt für eine Gipfelbesteigung der Schneekoppe. Es zieht sich mehrere Kilometer im steilen Lomnitztal hin und liegt etwa 21 Kilometer südlich von Jelenia Góra. Das Bergdorf – einst berühmt für seine Laienapotheker, den sogenannten Laboranten – entwickelte sich Ende des 19. Jahrhunderts allmählich zu einem Zentrum für Wandertouristik, Klettertouren und Wintersport. Nicht zuletzt, weil die schöne und das ganze Jahr über quirlige Ortschaft direkt am Fuße der 1 602 Meter hohen Schneekoppe (Sniеżka) liegt, dem höchsten Berg des Riesengebirges. Hier, an der serpentinenreichen Hauptstraße, scheint fast jeder Quadratmeter touristisch vermarktet. Mittlerweile werden auch die benachbarten Berghänge bebaut.

Die Attraktion von Karpacz selbst ist die **Stabkirche Wang.** Am Ende des Dorfes führen zwei Fußwege in etwa 15 Minuten hinauf zur Kirche. Wohl kaum ein anderes Gebäude dürfte je auf einer ähnlichen Odyssee unterwegs gewesen sein wie die kleine, um 1200 erbaute Stabkirche Wang, die ursprünglich am Ufer eines idyllischen Sees im Süden Norwegens stand. Als das hölzerne Kirchlein 1842 abgerissen werden sollte, ließ der preußische König Friedrich Wilhelm IV. das Gotteshaus in seine Einzelteile zerlegen und nach Karpacz transportieren.

Von Karpacz aus führen mehrere gut markierte **Wanderwege** zum Gipfel der **Schneekoppe.** Einer von ihnen beginnt an der Stabholzkirche Wang (Gehzeit: ca. 4,5–5,5 Stunden,

Im Riesengebirge auf dem Reifträger (Szrenica)

Höhenunterschied: 900 Meter, Länge: 15 Kilometer. Unterwegs gibt es einige Bauden zur Einkehr): ein breiter Pfad führt teilweise steil durch den Wald bis zum Hauptkamm. Von dort geht es dann stetig und weit weniger steil bergauf bis zum Gipfel. Die Panoramaaussicht von hier oben ist grandios. Auf der Schneekoppe befinden sich ein meteorologisches Observatorium, eine Herberge und eine Gaststätte.

Einfacher und komfortabler geht es mit dem **Sessellift** zum Gipfel: Von Karpacz Górny fährt dieser bis zur Kleinen Koppe (Mała Kopa) in 1 377 Metern Höhe. Von dort wandert man über die Schlesierbaude (Sląski Dom, Rastmöglichkeit) 225 Höhenmeter bis zum Gipfel. Dabei gibt es 2 Wandermöglichkeiten: Rot markiert ist der steile, beschwerliche, aber wunderschöne Aufstieg über den sogenannten Zick-Zack-Weg, blau markiert der weitaus leichtere Aufstieg über den Jubiläumsweg (Gehzeiten je nach Schwierigkeitsgrad: 1,5–2,5 Stunden).

INFORMATION

Centrum Informacji Turystycznej
Ul. Konstytucji 3 Maja 25a | (00 48 75) 7 61 97 16 | www.karpacz.pl

Stabkirche Wang
Ul. Na Śnieżkę 8 | www.wang.com.pl | Mitte Apr.-Okt. 9-18 Uhr, Nov.-14. Apr. 9-17 Uhr | Gottesdienst in deutscher Sprache Mai-Sep. um 9 Uhr | 7 zł / Kinder und Studenten 4 zł

Sessellift
Ul. Turystyczna 4 | Karpacz Górny | tgl. 8.30-16.30 Uhr | www.kopa.com.pl

Ein bisschen Polnisch für unterwegs

ALLGEMEIN

Guten Tag | dzień dobry *[dschjenn dobbre]*
Guten Abend | dobry wieczór *[dobbre wjetschur]*
Gute Nacht | dobranoc *[dobra noz]*
Auf Wiedersehen | do widzenia *[do wid senia]*
Tschüss | cześć *[tscheschtsch]*
Bitte | proszę *[pro sche]*
Danke | dziękuję *[dschjen kuje]*
Guten Appetit | smacznego *[smatsch ne go]*
Prost | na zdrowie *[na sdrow je]*
Bitte bezahlen | poproszę o rachunek *[po pro sche o ra hu nek]*
heute/morgen | dzisiaj/jutro *[dschi chei/ju tro]*
Montag | poniedziałek *[ponie tscha wek]*
Dienstag | wtorek *[w to rek]*
Mittwoch | środa *[schro da]*
Donnerstag | czwartek *[tschwar tek]*
Freitag | piątek *[pion tek]*
Samstag | sobota *[so bo ta]*
Sonntag | niedziela *[nie tsche la]*
Feiertag | świeto *[schwie to]*

ZAHLEN

Zahlen | liczby *[litsch be]*
0 | zero *[sä ro]*
1 | jeden *[jä dän]*
2 | dwa *[dwa]*
3 | trzy *[tsche]*
4 | cztery *[tsch te re]*
5 | pięć *[pi änsch]*
6 | sześć *[scheschtsch]*
7 | siedem *[schä dem]*
8 | osiem *[o schäm]*
9 | dziewięć *[dschä wi onsch]*
10 | dziesięć *[dschä schonsch]*
100 | sto *[sto]*
1000 | tysiąc *[te schonz]*

UNTERWEGS

Wie heißen Sie? | jak się Pan **(Mann)** / pani nazywa **(Frau)**? *[jak schau pan / pani na se wa?]*
Wie heißt das auf Polnisch? | jak to się mówi po polsku? *[jak to schau muwi po polsku?]*
Sprechen Sie deutsch / englisch? | czy mowi pan(i) po niemiecku / angielsku? *[dsche muwi pan(i) po njämjätzku / angjälsku?]*
Ich bin hier auf Urlaub | jestem tu na urlopie *[jes tem tu na ur lo pie]*
Wie spät ist es? | która jest godzina? | *[ktura jest god schina?]*
Wo ist … ? | gdzie jest …? *[gdsche jest …?]*
… der nächste Geldautomat? | następny bankomat? *[nas tenp ne banko mat?]*
Wie weit ist es bis …? | jak daleko jest do …? *[jak da leko jest do …?]*
Bahnhof | dworzec *[dwo schäz]*
bitte eine Karte nach … | proszę bilet do … *[proschä bilet do …]*
einfach | w jedną stronę *[w jed non stro nen]*
Rückfahrt | bilet powrotny *[bilet pof rot ne]*
Eisenbahn | pociąg *[pot schong]*
Fahrrad | rower *[ro wer]*
zu Fuß | pieszo *[pie scho]*

links/rechts | na lewo/ na prawo *[na le wo/na pra wo]*
geradeaus | na prostu *[na pros tu]*
nahe/weit | blisko/daleko *[blis ko/da le ko]*
Toiletten | toaleta *[toa le ta]*
Wechselstube | kantor *[kan tor]*
Unterkunft | noclegi *[noz le gi]*
Zimmer | pokój *[po kui]*
offen | otwarte *[ot war te]*
geschlossen | zamknięte *[sam knien te]*
Postkarte | kartka pocztowa *[kart ka potsch to wa]*
Briefmarken | znaczki pocztowe *[snatsch ki potsch to we]*
(das ist) alles | to wszystko *[to wschist ko]*
Wie viel kostet das? | ile to kosztuje? *[ile to kosch tu je]*
ich nehme es | wezmę to *[wäs men to]*
Ich möchte bitte das da haben! | proszę o to *[pro sche o to]*

ESSEN & GETRÄNKE

Frühstück | śniadanie *[schnia da nie]*
Mittagessen | obiad *[ob jad]*
Abendessen | kolacja *[ko laz ja]*
Brot | chleb *[hleb]*
Brötchen | bułka *[buw ka]*
Kuchen | ciasto *[tschasto]*
Milch | mleko *[mlä ko]*
Zucker | cukier *[zu ki er]*
Salz | sól *[sul]*
Pfeffer | pieprz *[pi epsch]*
Speiseeis | lody *[lo de]*
Bier | piwo *[pi wo]*
Trockener Wein | wino wytrawne | *[wi no we traf ne]*
Lieblicher Wein | wino słodkie *[wi no swod kie]*
Orangensaft | sok pomarańczowy *[sok po ma ran tscho we]*
Kaffee | kawa *[ka wa]*
Tee | herbata *[her ba ta]*
Wodka | wódka *[wut ka]*

Marktstand in Zgorzelec

Eines der prunkvollsten Portale in Görlitz: Eingang des Hotel Börse am Untermarkt

Fette Seitenzahlen markieren den Haupteintrag

S

T

U

V

W

Z

Der Autor

Wolfgang Kling, Jahrgang 1953, ist Reisejournalist und Autor zahlreicher Reiseführer. Die ostdeutsche Region, Ostseeküste und Polen begeistern ihn besonders. Mit seiner Frau lebt er in Berlin und Swinemünde.

Liebe Leserinnen und Leser,

alle Angaben in diesem Reiseführer sind gewissenhaft geprüft. Trotz gründlicher Recherche unserer Autoren/-innen können sich manchmal Fehler einschleichen. Wir bitten um Verständnis, dass der Verlag dafür keine Haftung übernehmen kann.

Über Hinweise, Berichtigungen und Ergänzungsvorschläge freuen wir uns jederzeit:

via reise verlag
Lehderstraße 16–19
13086 Berlin
E-mail: post@viareise.de
www.viareise.de

3. überarbeitete Auflage, Berlin 2015

ISBN 978-3-935029-99-5

Text & Recherche
Wolfgang Kling

Redaktion
Janina Johannsen, Klaus Scheddel, Natalie Hanß

Layout & Herstellung
Annelie Krupicka

Kartografie
Tanja Onken, Annelie Krupicka

Druck
BGZ Druckzentrum GmbH, Berlin

FSC www.fsc.org MIX Papier aus verantwortungsvollen Quellen FSC® C109591

Fotos
Wolfgang kling, außer:
Bundesarchiv B 145 Bild-P011978_CC-BY-SA 11; Europastadt GörlitzZgorzelec GmbH 23, 31 (2.+3. v. l.), 50, 54, 55, 108, 120, 123; Europastadt GörlitzZgorzelec GmbH/Alexander Roemisch76-77, 90-91, 100; Europastadt GörlitzZgorzelec GmbH/EGZ 64; Europastadt GörlitzZgorzelec GmbH/Norbert Plugge 75; Europastadt GörlitzZgorzelec GmbH/Sabine Wenzel 49, 53, 83, 103; Jördis Heizmann 114; Peter Hoffmann 25; Kloster St. Marienthal 145, 146-147; Marion Koll 4-5, 66; Christina Krey 27 (1. v. l.), 35, 39, 84, 96, 110, 111; Pixelio.de/Christiane Hergl 27 (2. v. l.); Pixelio.de/K2006S 139; Pixelio.de/Mandy Bremse 156; Pixelio.de/ts 8-9; Pixelio.de/Ulrike Schwenker 88; Klaus Scheddel 29 (2.+3. v. l.), 30 (3. v. l.), 33, 61, 68-69, 73, 87, 98-99, 129, 164; Stadt Bautzen 152; Stiftung Fürst-Pückler-Park Bad Muskau/Astrid Roscher 140-141; Touristbüro i-vent 28 (2. v. l.), 30 (1. v. l.), 106; Touristbüro i-vent/AM 20, 45; Wikimedia.org/Andreas Praefcke 27 (3. v. l.), 71, 93; Wikimedia.org/Bartosz Senderek 43; Wikimedia.org/Frank Vincentz 14; Wikimedia.org/Hans Peter Schaefer 27 (4. v. l.); Wikimedia.org/H Zell 80; Wikimedia.org/IngolfBLN 113; Wikimedia.org/Manecke 36; Wikimedia.org/nugenesis 134-135; Wikimedia.org/Stefan m Hoehne 149, 150; Wikimedia.org/Südstädter 72

Umschlagfoto vorn
Fassaden in Görlitz (pixelio.de/ Martin Kolb)

Foto Klappe vorn
Marienplatz mit Blick auf den Dicken Turm (Europastadt GörlitzZgorzelec GmbH/Sabine Wenzel)

Umschlagfotos hinten
BashStreetTheatre (Peter Hoffmann)